Wole Soyinka
Die Last des Erinnerns

WOLE SOYINKA

DIE LAST DES ERINNERNS

Was Europa Afrika schuldet –
und was Afrika sich selbst schuldet

Aus dem Englischen übersetzt und mit einem
Nachwort versehen von Gerd Meuer

PATMOS VERLAG

Titel der Originalausgabe: »The Burden of Memory,
the Muse of Forgiveness«, Oxford University Press, 1999
© 1999 by Wole Soyinka

An Stelle des 2. und 3. Kapitels der Originalausgabe wurde der Beitrag
„Die Narben der Erinnerung ...« als Originalbeitrag neu in diese Ausgabe
übernommen.
© 2001 by Wole Soyinka

Die Fußnoten im Text sind in der Regel Anmerkungen des Übersetzers.
Anmerkungen des Autors sind mit W. S. gezeichnet.

»Die Übersetzung aus dem Englischen wurde mit Mitteln des Auswärtigen Amtes unterstützt durch die Gesellschaft zur Förderung der Literatur aus Afrika, Asien und Lateinamerikas e.V.«

Die Deutsche Bibliothek – CIP-Einheitsaufnahme
Ein Titeldatensatz für diese Publikation ist bei der Deutschen Bibliothek erhältlich.

© 2001 Patmos Verlag GmbH & Co. KG
2. Auflage 2001
Alle Rechte, einschließlich derjenigen des auszugsweisen Abdrucks sowie der fotomechanischen und elektronischen Wiedergabe, vorbehalten.
Satz: Typo Fröhlich, Düsseldorf
Druck und Bindung: Friedrich Pustet, Regensburg
ISBN 3-491-72444-9
www.patmos.de

INHALTSVERZEICHNIS

  7 Vorwort

21 Einleitung

39 I. Wiedergutmachung, Wahrheit und Versöhnung

99 II. Die Narben der Erinnerung, die Waagschalen der Gerechtigkeit

137 Nachwort: Wole Soyinka – A Man for all Seasons (von Gerd Meuer)

VORWORT[1]

Die in diesem Buch enthaltenen Essays stellen eine eigens für die deutsche Ausgabe zusammengestellte Sammlung dar. Das Vorwort sowie Kapitel II sind Originalbeitrage für den vorliegenden Band. Bei Kapitel I handelt es sich um den Text einer Vorlesung, die ich im April 1997 anlässlich der Eröffnung der Macmillan-Vorlesungsreihe am Dubois-Institut der Universität Harvard gehalten habe. Nur ein Jahr später bereits las sich die Liste der Personen, die vor dieses rhetorische Tribunal über »Wahrheit und Wiedergutmachung« gerufen wurden, wie eine Gedächtnisveranstaltung – Mobutu Sese Seko, Pol Pot, Sanni Abacha und so weiter waren nicht mehr unter den Lebenden; aber am dramatischsten und der einzig wirkliche tragische Tod unter diesen allen war der von Chief Moshood Kasimawo Abiola, des 1993 gewählten Präsidenten der nigerianischen Nation.

Ich habe beschlossen, die Vorlesung (im Wesentlichen) so zu belassen wie sie gehalten wurde – das heißt, Bezüge, wie sie damals gewoben wurden, in ihrem »aktiven Sinne« zu belassen. Die in dieser Vorlesung erwähnten Ereignisse unterstreichen ja nicht nur ihre lebendige Gültigkeit als Strukturen inhumanen Verhaltens, das fortgesetzt sowohl Einzelpersonen als auch ganze Nationen in einem stets weiter anwachsenden Ausmaß an Horrortaten mit Narben versieht und traumatisiert; die Aufzählung dieser Horrortaten dient aber zugleich auch (darf man dies zu hoffen wagen?) als eine unbeabsichtigte, mahnende Warnung an überlebende Nachahmer

[1] Das Vorwort zu den folgenden Texten wurde im Rahmen aktueller politischer Bezüge eigens für die deutsche Ausgabe geschrieben.

bezüglich der reinigenden Wirkung der Sterblichkeit, die sowohl die Sünder als auch diejenigen, gegen die gesündigt wurde, erwartet. Nun sind aber die Waagschalen der Abrechnung durch die Sterblichkeit – leider – nie gleich austariert, und so sind es die Schultern der Lebenden, auf denen die Last der Gerechtigkeit weiter lasten muss. Opfer für die Sache der Gerechtigkeit wie Moshood Abiola oder der Schriftsteller Ken Saro-Wiwa und seine acht Gefolgsleute erinnern uns an das Fortdauern der unglaublichen Forderungen, die an die Gruppe der Heimgesuchten gestellt werden; hier handelt es sich also um eine nicht abgeschlossene Angelegenheit, die einen vielstimmigen Ruf nach Übernahme von Verantwortung für Wiedergutmachung provoziert, damit den Überlebenden Friede zuteil werde.

Man mag der Welt verzeihen, dass sie ein Gefiihl der Euphorie überkommt, wann immer Gefängnistore, die einst eine ganze Nation zu umschließen schienen, den Anschein erwecken, als seien sie plötzlich weit geöffnet worden; doch uns bleibt die Aufgabe sicher zu stellen, dass sie nie mehr zugeworfen werden! Hoffen wir also, dass die Völker und Nationen, auf denen noch schwer die Erinnerungen der jüngsten Vergangenheit lasten, dies verstehen. Vielleicht hilft die Debatte, die auf den folgenden Seiten beabsichtigt ist, bei der Entwicklung von Mechanismen für die begleitende Mission des Heilens, des Versöhnens, aber auch der Wiedergutmachung. Das folgende »Porträt eines Folterers« mag veranschaulichen, wie notwendig sie auch für das Leben der Einzelnen ist.

Porträt eines Folterers

Wie rasch manchmal doch unsere schlimmsten Befürchtungen Wirklichkeit werden! An einer Stelle dieses Buches habe ich ungefähr folgende warnende Frage gestellt:

»Würde es denn ausreichen, wenn einer aus unserem sich damals rasch vermehrenden Korps nigerianischer Folterer in den Zeugenstand hineinstolzierte und, mit dem südafrikanischen Modell als Vorbild, seine Verbrechen gestehen würde, damit man ihm umgehend Absolution erteilte?«

Da General Sanni Abacha bereits tot war, konnte er nicht mehr vor dem »Human Rights Investigation Panel« – der nigerianischen Untersuchungskommission für Menschenrechtsverletzungen – oder »Oputa Panel«, so nach dem früheren Richter Oputa benannt, erscheinen. Abachas Agenten aber traten vor die Kommission, und in einem Falle brauchte einer von ihnen nicht einmal um den Segensspruch der Vergebung und der Versöhnung zu bitten.

Am Freitag, den 24. November 2000 war ich bei den Anhörungen des Ausschusses anwesend, dessen Sitzungen nach einer Phase in der Hauptstadt Abuja jetzt in Lagos stattfanden. Im Zeugenstand befand sich ein früherer Polizeichef namens Zakari Biu, der in den Zeugenaussagen politischer und anderer Häftlinge, die in seine »Obhut« gelangt waren, durchgängig erwähnt wurde. Sein Name wurde zu einem Synonym für Verhörmethoden, die noch weit über den bereits großzügig bemessenen Spielraum hinausgingen, der Abachas Sicherheitsdiensten eingeräumt gewesen war. Selbst vor der offiziellen Einsetzung des Ausschusses war bei einem Treffen der Vorkämpfer für Demokratie und anderen Opfer Abachas im Presse-Zentrum der Stadt Ibadan der Name dieses Polizeioffiziers – zusammen mit dem von Major Al-Mustapha, dem Chef von Abachas persönlichem Sicherheitsdienst – immer und immer wieder als notorischer Sadist und Folterer genannt worden. Diese Sitzung in Ibadan war eine jener bürgerrechtlichen Bemühungen, die Regierung zur Einsetzung des jetzt tagenden »Ausschusses zur Untersuchung von Menschenrechtsverletzungen« zu zwingen. Anwesend waren die Gouverneure (Ministerpräsidenten) zweier Bundesstaaten, von denen einer, Alhaji Lam Adesina aus dem Bundesstaat Oyo, persönlich die ganze Härte eines Gefängnisaufenthaltes unter dem Regime Sanni Abachas zu spüren bekommen hatte.

Bei der morgendlichen Sitzung des »Oputa Panels« konnte ich nur etwa neunzig Minuten bleiben. Das aber war für mich eine mehr als ausreichende Bestätigung dessen, was ich bereits zuvor über die Atmosphäre der Anhörungen in Erfahrung gebracht hatte; die Behauptungen der Angeklagten ließen nämlich erkennen, dass die Anhörung sich zur Bühne für die *performances* derjenigen verwandelt hatte, die der einen oder anderen Gewalttat beschuldigt worden waren. Da wurde ich Zeuge eines Vorgangs, der zum Anschauungsunterricht für Studenten sowohl von Verbrechenspsychologie als auch der darstellenden Künste werden könnte – grob und vordergründig durchsichtig, aber nichtsdestotrotz eine *performance*. Ich lauschte den wohl-einstudierten Antworten des berüchtigten Polizeioffiziers, während er von seinem Anwalt durch die Befragung geleitet wurde – selbstbewusst, redselig, belustigt, herablassend. Er legte es darauf an, seine Überlegenheit zu beweisen – ein Phantasiegebilde seines Hirns, einzig und allein vorgespielt –, er selbst jenen minderen Wesen überlegen, seinen Beschuldigern und den Zuhörern im Saal. Wenn er zwischen dem Dialog mit seinem eigenen Rechtsbeistand und dem Kreuzverhör durch den Anwalt der Opfer seine Körperhaltung und seine übrige Körpersprache veränderte, dann allein derart, dass er ihre Intensität veränderte, nicht aber seine grundsätzliche Haltung. Die blieb konstant und eben herausfordernd. Doch es gab auch so etwas wie Angst. Eine tief in ihm liegende Angst, die in unbedachten Bewegungen seiner Augen zum Ausdruck kam, jenen Blicken, die eine tiefe Furcht vor jener ungewohnten Umkehrung der Positionen verrieten. Und die einzige Art und Weise, wie diese Kreatur mit ihrer Angst fertig wurde, war durch eine gesteigerte Arroganz, die Annahme affektierter Haltungen, eine heftige Verachtung für das gesamte Verfahren und bösartig durch seine Entschlossenheit – eine Haltung, die er ganz offensichtlich nach Beratung durch seine Anwälte einnahm –, den Spieß gegen seine Beschuldiger umzudrehen; er tat es, indem er unverschämte Motive für ihre Anschuldigungen zusammenbraute, den guten Ruf der Opfer in einer kalkuliert zynischen Weise beschmutzte, und von sich selbst das Bild eines in höchstem Maße missverstandenen Mannes entwarf.

Er machte sich über seine Opfer lustig. Ganz besonders genoss er es, gegen einen Arzt, Führer einer kontroversen ethnischen Organisation, des »Oduduwa Peoples' Congress« OPC[2], zu sticheln. »Nein, den habe ich nicht misshandelt. Für mich war er so etwas wie ein Vater, Onkel, älterer Bruder … Wir kamen bestens miteinander aus … Ich habe ihm sogar manchen Gefallen getan … Am Tag, als er freigelassen wurde, hat er mich sogar umarmt – hätte er das wohl getan, wenn ich ihn schlecht behandelt hätte?« Vom Vorsitzenden des Ausschusses befragt, warum dann sein Name so beharrlich im Katalog der Beschuldigungen sowohl seiner militärischen als auch zivilen Opfer auftauche, schob er dies auf eine von seinen Feinden angezettelte Verschwörung – aus einem politischen und/oder regionalen Spektrum. Als er sich gezwungen sah zuzugeben, er habe seinem Beschuldiger eine besonders strafende Art der Inhaftierung auferlegt, ihn der rechtmäßig erlaubten Besuche

---

[2] Eine tribalistische Organisation, die sich exklusiv für die Rechte des Yoruba-Volkes einsetzt.

beraubt, behauptete er, dieser Arzt habe ihn ohne ersichtlichen Grund geohrfeigt, während seine gerade zu Besuch weilende Ehefrau ihn von hinten festgehalten habe – und all dies sollte in Gegenwart von Polizeioffizier Bius schwer bewaffneter Leibwächtertruppe stattgefunden haben! Er hingegen habe sich der größtmöglichen Zurückhaltung befleißigt, und er habe seine Bodyguards sogar davon abgehalten, sofortige Vergeltungsmaßnahmen zu ergreifen!

Die Reihe der Widersprüche in seinen Aussagen war idiotisch, doch ihm selbst erschien dies keineswegs so. Ganz im Gegenteil, Polizeioffizier Biu war in höchstem Maße mit jeder seiner Antworten zufrieden, und er war sogar einigermaßen enttäuscht, dass seine Aussagen keinen Applaus fanden. Doch für sein Auftreten gab es ja einen Präzedenzfall: Major Al-Mustapha, eine noch abstoßendere Kreatur, hatte Applaus geerntet für seine angebliche Schlagfertigkeit und seine Cleverness, und für das, was ganz offenkundig allein erzählerischer Erfindungsreichtum war, vor allem dann, wenn er die Schuld auf seine Vorgesetzten schob, das Publikum mit Verschwörungstheorien von lächerlicher Banalität unterhielt und selbst auf Komplizen jenseits der Grenzen Nigerias verwies. Ja, dieser Major Al-Mustapha, der an anderem Ort gleichzeitig wegen Mord und versuchten Mordes vor Gericht stand, wurde sogar – jedenfalls von manchen Anwesenden – für seine *performance*, seine Darbietung, lauthals mit Hurrarufen begrüßt – solcher Art ist der unergründliche nationale Charakter eines als Nigerianer bekannten Volkes! Einmal tauschte er gutgelaunt mit einem seiner Opfer die Kopfbedeckung – will heißen, er packte sich die Mütze[3] des ahnungslosen Mannes, setze sie sich auf und ersetzte die des Mannes

---

[3] Nigerianische Männer tragen gewöhnlich zum nationalen Gewand, der »agbada«, bunt bestickte Mützen auf dem Kopf.

durch seine eigene. Der Überlebende von Al-Mustaphas einstiger »Betreuung« war einen Moment lang völlig verwirrt, welches denn seine passende Reaktion in einer derartigen Atmosphäre der Vergebung zu sein hätte. Schließlich entschloss er sich – ob wir dies so bezeichnen können? –, als anständiger Kerl zu reagieren. Der Beifall war beeindruckend. Dies alles ziemte sich ganz und gar für eine Agenda der Versöhnung.

Völlig voraussagbar war dann Bius Beschwörung der Verteidigungslinie à la Eichmann: Er hatte nur seine Pflicht getan. Nicht er sollte hier eigentlich im Zeugenstand stehen, behauptete er, sondern seine Vorgesetzten. Weil er offensichtlich vergaß, dass er die gesamte Verantwortung jenen, die die Befehle gaben, zugeschoben hatte, pflegte er dann jedoch angriffslustig zu werden und das Verhalten der von ihm befehligten Sicherheitskräfte zu rechtfertigen, und er fauchte los: »Wir hatten es mit gewöhnlichen Kriminellen zu tun, mit landesverräterischen Schwerstverbrechern, die Unabhängigkeitsbewegungen[4] aufzubauen versuchten – ja, und sie sind immer noch dabei. Dieser Mann da, dieser Mann sollte ein Ältester des Stammes sein, man hält ihn für einen Arzt, einen respektablen Bürger, doch er verteilt immer noch aufrührerische Schriften. Er will die Nation destabilisieren.« Und ganz plötzlich war sein früherer Gefangener nicht länger der gutmütige Onkel, mit dem er doch so herzliche Beziehungen unterhalten hatte, als der noch in seiner Obhut gewesen war. Nein, der Ankläger war zu einem Dämon geworden, einem unverbesserlichen Rebell, der es nach wie vor verdiente, genau überwacht zu werden.

Wie auf ein vorbestimmtes Stichwort hin – denn einen hörbaren Grund hatte es ja nicht gegeben – pflegte unser Mann dann das zu beginnen, wovon er sich erhoffte, es

---

[4] Bewegungen zur Loslösung bestimmter Landesteile von der nigerianischen Nation, im Stil des ehemaligen Biafra.

möge sich zu einem geschrieenen Schlagabtausch zwischen ihm und dem Anwalt des Opfers entwickeln, und zwar indem er den ruhigen, aber insistierenden »Ja-oder-Nein«-Fragen des befragenden Anwalts seine rhetorischen Fragen entgegensetzte und sie durch einen Strom hypothetischer Szenarien variierte, die er in einem hysterischen Tonfall darbot, den Körper aggressiv nach vorne geworfen – nicht mehr ganz so verächtlich wie die anderen Gesten aus seinem Repertoire, bei denen er ausgiebig den Blick über das im Raum versammelte Publikum schweifen ließ und überschwängliche Gesten machte, dabei augenscheinlich den Klang der eigenen Stimme genießend. Die Zuhörerschaft wurde mit einer Serie abwechselnder Stimmungen delektiert, einige davon kalkuliert und komponiert, andere einfach unkontrolliert, instinktiv und ängstlich. Manchmal verrieten sein schreisüchtiger Schlagabtausch – das heißt, sein einseitiger Schlagabtausch – lediglich einen ertappten Einschüchterer, der versuchte, Zeit zu schinden, während er Antworten auf die einfachsten Fragen suchte. Der Verhörexperte sah sich jetzt selbst der Befragung ausgesetzt, einer wohlgesitteten, zivilisierten öffentlichen Befragung mit einem nachsichtigen Schiedsrichter als Vorsitzendem, doch unserem Mann behagte auch dies nicht im Geringsten.

Der Ausschuss hatte eindeutig die Verhandlungstaktik gewählt, jedem Angeklagten den größtmöglichen Spielraum zu gewähren, selbst wenn dies die Geduld eines alttestamentarischen Hiob erforderte und der Ausschuss so Gefahr lief, die Anhörungen zu einer Bühne zu machen, auf der sich die Beschuldigten herausputzten, auf der sie ihrer Egomanie freien Lauf lassen würden. Unser Fall legte ohne jede Scham seine angeborenen Neigungen zur Speichelleckerei gegenüber den Mächtigen bloß, seine Verachtung für die Machtlosen und seine Lust auf Beherrschung anderer Menschen, die ihn vermutlich nahe an die Spitze seines Berufes katapultiert und ihn zu einem eindeutigen Kandidaten für einige der schmutzigsten Jobs gemacht hatten, die das Regime Sanni Abachas zu vergeben hatte. Voller Ekel schluckte ich mehr als eine Stunde lang soviel davon wie ich nur konnte, und ging dann weg, überwältigt von der unmenschlichen Geduld der Mitglieder des Untersuchungsausschusses.

Wie bereits erwähnt, verpasste ich die Nachmittagssitzung, doch die Berichte der weiteren Anhörungen fanden sich wie üblich am nächsten Morgen in den Medien. Das Foto, das meinen Blick von der ersten Seite einer Zeitung her gefangen nahm, war dermaßen unerwartet, dass es mich ganz gewiss noch lange Zeit heimsuchen wird – abgebildet war eine Zweiergruppe, bestehend aus jenem zuvor erwähnten Polizeioffizier in enger Umarmung mit einem der prominenten Opfer seines Sadismus, einer Journalistin und Verlegerin, die fast zwei Jahre unter seinem brutalen Regime im Gefängnis verbracht hatte!

Diese Journalistin-Verlegerin hatte sich den Zorn des Abacha-Regimes zugezogen, weil sie eine Tatsache berichtet hatte, die zum schon zum damaligen Zeitpunkt nahezu die gesamte Nation als wahr kannte. Es handelte sich um den versuchten Staatsstreich, nach dem sowohl Soldaten als auch Zivilisten – einschließlich eines früheren Staatschefs – festgenommen, angeklagt, gefoltert, für schuldig befunden, eingekerkert und zum Tode verurteilt worden waren, wobei dann einige von ihnen – wie jetzt *en détail* nachgewiesen ist – im Gefängnis den Tod durch gezielte Vergiftung fanden; dieser Putschversuch war entweder eine völlige Farce oder aber eine gezielte Inszenierung, um Sanni Abacha von realen oder eingebildeten Bedrohungen zu befreien. Es war, ganz so wie dies bereits damals allgemein beschrieben worden war, ein »Phantom-Coup«. Seit der Ausschuss seine Anhörungen begann, ist dies mehr als bezeugt worden, von genau den staatlichen Sicherheitsagenten, deren Aufgabe es war, den behaupteten Putschversuch zu untersuchen, die Verdächtigen festzunehmen und zu verhören.

Polizeioffizier Biu war zweifelsohne der Inbrünstigste der Verhörer. Unsere Journalistin wurde von eben jenem Mann physisch misshandelt, und zwar dermaßen grausam, dass ihr Sehvermögen dauerhaft beeinträchtigt wurde – als sie die Freiheit wiedererlangte, war ihr erstes Reiseziel die Klinik eines Augenarztes. Auf seinen Befehl hin wurde sie unter extrem grausamen Umständen festgehalten und es wurde ihr keinerlei medizinische Behandlung zugestanden. All dies war Bestandteil ihrer schriftlichen Anklage und ihrer mündlichen Zeugenaussage vor Gericht.

Ich schätze mich selbst glücklich, die Nachmittagssitzung der Anhörungen verpasst zu haben, denn nach der Zeugenaussage der Journalistin wurde der Folterer erneut in den Zeugenstand befohlen, und es wurde ihm Gelegenheit gegeben, auf diese neuen Anschuldigungen zu antworten. Das Protokoll belegt, dass der Folterer zunächst nachhaltig leugnete, je Hand an seine Anklägerin gelegt zu haben oder sie irgendeiner erniedrigenden Behandlung unterworfen zu haben. Schließlich aber machte der Mann, der einst die Macht über Leben und Tod besessen hatte, ein großherziges Geständnis, offensichtlich sein erstes, seit die Anhörungen begonnen hatten. Und dieses Geständnis formulierte er so: »Ich erinnere mich nicht, Hand an sie gelegt zu haben, doch wenn ich es getan habe, dann bitte ich sie, im Geiste der Versöhnung, um Vergebung.«

Worauf ein Mitglied des Ausschusses sich, ganz offensichtlich begeistert, an die Journalistin wandte und sie einlud, nach vorne zu kommen. Das Ausschussmitglied bat sie, auf die Bitte ihres Folterers um Vergebung zu antworten. Sie kam dem zustimmend nach. Und als sie zu ihrem Platz zurückging, sagte das gleiche Ausschussmitglied zu ihr: »Wollen Sie ihn nicht umarmen?« Daraufhin forderte sie ihn (den Folterer) auf, nach vorne zu kommen. Und so kam diese abscheuliche Umarmung zustande, deren Abbildung mich am folgenden Morgen aus der Zeitung anstarrte. Ein Teil der Zuhörerschaft, so berichteten die Zeitungen, war in Applaus ausgebrochen, ganz offensichtlich – sollen wir das so bezeichnen – gefangen genommen durch die transzendentale Verzückung des Augenblicks?

Diejenigen aber, mit denen ich mich nach diesem Ereignis unterhielt, teilten dieses Gefühl der Euphorie keineswegs und sie hatten die Verhandlung zutiefst verwirrt und erzürnt verlassen. Doch muss ich wohl zugeben, dass ich mich in wenig frommen Kreisen bewege.

Der Orchestrator dieses Augenblicks harmonischer Auflösung besiegelte den Pakt der Versöhnung, indem er jauchzend verkündete: »Was wir hier soeben miterlebt haben, das kann nicht mit der größten materiellen Wiedergutmachung erkauft werden!« War er sich der Tatsache bewusst, so fragte ich mich, dass seine Worte wie eine Nachahmung der Worte Bischof Desmond Tutus klangen, als diese ehrwürdige Person einer ähnlichen Szene augenscheinlicher Reue vorsaß, einer Szene, die dem Opfer das Zugeständnis *spontaner* Vergebung entlockte? Doch hier enden vermutlich auch schon die Parallelen. Seither habe ich mir, oft bis spät in die Nacht, Videos von früheren Zeugenaussagen angesehen und habe dabei Empfindungen durchlebt, die von Übelkeit bis zu moralischer Stärkung reichen, wobei letzteres Gefühl natürlich vor allem durch das Stehvermögen der Opfer hervorgerufen wurde, und die Menschlichkeit des einen oder anderen Staatsdieners – doch mehr davon an anderem Ort.

Ist es nach alledem verwunderlich, dass nach den Szenen einer flinken nationalen Katharsis unverschämte Rufe erschallen, die die Freiheit jener verlangen, die gegenwärtig vor Strafgerichten wegen Mordes oder versuchten Mordes angeklagt sind? Solche Stimmen haben Konjunktur. Wenn Folterer und Mörder ihre Mützen mit den unglücklichen Überlebenden eines fortgesetzten Wütens der Entmenschlichung und der physischen Vernichtung austauschen und diese umarmen können, welches ist dann der Preis, den der Täter in *Verantwortung* seiner Taten noch zu zahlen hat? Auf welch *unnatürliche* Weise verstockt müssen dann diejenigen sein, die glauben, dass echte Gewissenspein, Reue und Akte der Wiedergutmachung jeder Art von Versöhnung vorausgehen müssen, wie auch der Wiedereingliederung derjenigen, die sich selbst zu *outcasts* der Gemeinschaft gemacht haben?

Desmond Tutu hat ein bewegendes Buch geschrieben – *Keine Zukunft ohne Vergebung* –, in dem er seine Erfahrung mit der südafrikanischen Wahrheitskommission, deren Vorsitzender er war, schildert. Es ist ein beunruhigendes Buch, es fordert uns heraus; es ist ein Buch, das – wie nicht anders zu erwarten – auf christlicher Theologie gründet, um die Forderungen nach Vergebung und Aussöhnung zu untermauern. Ich hatte – siehe Kapitel II – größte Schwierigkeiten bei der Besprechung dieser Arbeit. Desmond Tutu beruft sich auch auf das afrikanische Ethos und das Empfinden einer all-umfassenden Gemeinschaft, um sein Plädoyer zu stützen, wobei er das Prinzip des *ubuntu* erforscht, ein aktives Geflecht von Beziehungen, das jedes Mitglied der Gemeinschaft zu einer Grundeinheit innerhalb der Gesamtheit der Menschheit macht. Ich frage mich jedoch, was der Bischof wohl mit Polizeioffizier Biu angefangen hätte, oder seinen Kollegen-in-Niederträchtigkeit – Bamaiyi,

Omenka, Rabo Lawal, Oberst Olu, Al-Mustapha und Konsorten, und mit diesem einfachen Weiterschreiten hin zu ihrer Absolution. Einige von uns müssen fortfahren darauf zu beharren, daß es innerhalb des »Bündels Menschheit« ganz so wie in einem Bündel Feuerholz eben jene Holzscheite gibt, die von Termiten durchlöchert sind, einige durch und durch von Holzfäule zerfressen, so dass die Scheite beim Anfassen einfach zerbröseln. Andere sind mit Schwamm oder anderen Krankheitsformen infiziert, die nur allzu leicht auf andere Scheite übergreifen können, wenn man sie nicht vom Bündel abtrennt, sie verbrennt, oder sie am Straßenrand den Maden und Nagetieren überlässt, und den Naturelementen.

Die Szene, in der Biu vergeben wird, wirft eine Frage auf, die ich immer und immer wieder gestellt habe, jüngst erst wieder anlässlich der Olaf-Palme-Gedächtnisvorlesung im November 2000 in Oxford. Es ist eine Frage, die an den ethischen Kern der Beziehung zwischen Gewalttäter und Opfer geht:

»Und erinnern wir uns stets daran, dass diese Geste der Vergebung eine zusätzliche Anforderung an die Opfer, sowohl als Individuen wie auch als Gesamtheit, stellt – eine Anforderung, die, logischerweise, der Ungeheuerlichkeit des Verbrechens entspricht.«

Kurz gesagt: je größer das Verbrechen, desto größer die an das Opfer gestellte Anforderung. Die Szene mit dem Polizeioffizier Biu bleibt eine sich ins Fleisch einbrennende Erinnerung daran, welch ungerechte Anforderung durch ein solches Verfahren an ein Opfer gestellt wird. Ich bin unfähig mich selbst davon zu überzeugen, dass dies dem Vorhaben der Gerechtigkeit oder der Heilung dient oder zum ethischen Zusammenhalt der Gemeinschaft beiträgt.

Wole Soyinka

EINLEITUNG

Im Vorlauf der US-Präsidentschaftswahlen des Jahres 1992 hatte es den Anschein, als gebe es die durchaus realistische Möglichkeit, dass das Land einen neuen Präsidenten in der Person eines gewissen Mr. David Duke bekäme. Und wer weiß, vielleicht wird er es ja noch einmal. Nein, vielleicht sollten wir dies doch eher als unwahrscheinlich ansehen; aber eventuell einigt man sich im Staat Louisiana ja noch auf ihn als Gouverneur oder belohnt seinen Fleiß mit einem Sitz im Senat – Mr. Duke jedenfalls scheint ganz entschlossen, auf der einen oder anderen Ebene in die Machtstruktur der USA einzudringen. Für den Moment aber kann man von ihm sagen, dass er in den USA auf den Status einer wohlverdienten Bedeutungslosigkeit abgesunken ist. An anderem Orte allerdings nicht; z. B. nicht in Deutschland, von wo vor einigen Jahren berichtet wurde, dass er dort seine Präsenz auf vertrautem ideologischem Terrain etabliert hatte. Und in noch jüngerer Vergangenheit scheint Mr. Duke ein neues Betätigungsfeld in Südafrika gesucht zu haben.

Was aber ist so bemerkenswert an Mr. Duke und seinem Bestreben, die republikanische Partei als Präsidentschaftskandidat zu vertreten? Ganz einfach die Tatsache, dass viele Amerikaner überrascht erfuhren, Mr. Duke war ein prominentes und immer noch sehr aktives Mitglied des Ku-Klux-Klan. Bei den Vorwahlen verlor er natürlich, doch seine Niederlage im Rennen um den Posten des Gouverneurs war eine sehr knappe, und diese Tatsache bleibt somit eine erschreckende Erinnerung daran, dass der Rassismus noch keineswegs ein abgeschlossenes Kapitel ist, nicht nur in den USA, sondern auch in weiten Teilen Europas und in Südafrika, das ja die Rassentrennung per Apartheid erst vor kurzer Zeit beendet hat. Nach den politischen Rückschlägen in seinem eigenen Land kokettierte Mr. Duke kurze Zeit mit den Neo-Nazis und Skinheads in Deutschland, fand jedoch heraus, dass die Deutschen, ganz darauf aus, jede Glorifizierung ihrer schamvollen Vergangenheit abzulegen und sich von dieser abzusetzen, ihn weise – jedenfalls mehrheitlich – auf Armlänge von sich fernhielten.

Seine Invasion Südafrikas hingegen ist ganz anders verlaufen. Es ist Mr. Dukes beherzter Sprung – und wir führen ihn hier lediglich als ein illustrierendes Beispiel an – in den noch kochenden Hexenkessel des Rassismus, der uns hier einige höchst ungemütliche Verästelungen der in Südafrika praktizierten Strategien zur Versöhnung der Gesellschaft bietet – und zur Versöhnung der Rassen im Allgemeinen.

Könnte Mr. Dukes Mission möglicherweise – und im denkbar weitesten Sinne – interpretiert werden als der Versuch, das Anliegen der südafrikanischen »Truth and Reconciliation Commission«, des Ausschusses für Wahrheit und Versöhnung, zu fördern? Nein. Genau das Gegenteil. Duke besuchte dieses Land, um seine Solidarität mit einer selbsterklärten »Freien Buren-Republik« zu demonstrieren – angeregt vielleicht von der Enklave der »American Freemen«? –, die erklärt hatte, dass die Apartheid im neuen Südafrika zwar offiziell gebannt sein möge, dass aber ihre in einer Stadt mit dem so königlichen Namen Balmoral massierten, extrem rechten Mitglieder höchst unterschiedliche Vorstellungen darüber besäßen, wie die Beziehung zwischen den Rassen in Südafrika auszusehen hätte. Eine heiße Spur hat enthüllt, dass einige dieser Verteidiger des weißen »American Way of Life«, das sogenannte »Freemen Movement«, nichts anderes sind als Ableger des Ku Klux Klan, die lediglich die lächerliche (einst jedoch tödliche!) Verkleidung des KKK gegen die Macho-Tarnuniformen aus den US-Army-Läden eingetauscht haben.

Wir wissen es noch nicht mit absoluter Sicherheit, aber es ist wohl keine unzulässige Übertreibung zu vermuten, dass Mr. Duke Südafrika kaum verlassen haben dürfte, ohne dort ein paar Zweigstellen des Ku-Klux-Klan einzurichten. Und selbst wenn er das nicht tut, dann wird seine Präsenz zu dieser Zeit ohne Zweifel als Anregung dienen für die Einrichtung einiger Ortsvereine, die, mit einigen Anpassungen an die heimische Burenkultur, den *midnight riders* des *ancien régime* im Tiefen Süden der USA nachgebildet sein werden. Doch wie dem auch sei, seine Mission und etwaige Nachahmungstendenzen wurden von einer unabhängigen Spende in Höhe mehrerer Millionen Dollars gestärkt; mit diesem Geschenk einer obskuren, aber mitfühlenden Lady aus dem amerikanischen Süden sollte die weiße Enklave in die Lage versetzt werden, ihre Existenz als Herausforderung der schwarzen Mehrheitsherrschaft und zur Verteidigung der weißen Überlegenheitskultur zu behaupten, die jetzt – in der Vorstellung ihrer Vertreter – durch die barbarischen Horden der befreiten Rasse gefährdet war.

Nun hat das Land, dessen Bürger – und *président manqué* – Mr. Duke ist, ja eine Liste unerwünschter Personen aufgestellt, denen dieses Land die Einreise nicht erlauben will; eine solche Liste schloss bekanntlich einst Kommunisten ein – und der Kommunismus war ja einst auch Buhmann im Südafrika der Apartheid. Heute schließt diese Liste Drogenhändler, schwere Kriminelle und Terroristen ein. Würde man zu weit gehen, wenn man behauptete, dass der Ku-Klux-Klan als »terroristische Organisation« klassifiziert werden könnte? Man berichtet uns zwar, dass Duke eine weniger virulente Form des Klanismus predigt, doch der Unterschied ist eine jener subtilen Schattierungen, von denen man sagen muss, dass sie den heutigen Opfern des Rassismus – wo auch immer – ziemlich gleichgültig sein kann.

Etwa zum gleichen Zeitpunkt erregten sich die amerikanischen Medien wie auch die Regierung mächtig über eine Ein-Millionen-Dollar-Spende der libyschen Regierung an die (Black Power)-Bewegung des Predigers Farrakhan[5] – ihm sollte auf keinen Fall erlaubt werden, dieses »terroristische Geld« in die Vereinigten Staaten zu bringen! Gleichzeitig aber gab es da eine amerikanische Bürgerin, die ihre Millionen in eine Sache steckte, die als Hochverrat bezeichnet werden muss – oder zumindest als subversiv –, in einem fremden, souveränen Staat. Soweit wir wissen, hat aber die südafrikanische Regierung keinen Muckser von sich gegeben. Ganz sicher müssen die USA, nach welcher Messlatte auch immer, als eine weit stabilere Gesellschaft als Südafrika angesehen werden. Ihre Demokratie ist erprobt worden und hat sich als dauerhaft erwiesen. Welche dieser beiden Nationen verfolgt nun, sagen wir es so, eine rationale Politik? Wie weit kann eine Nation eine Politik der Entspannung und der Aussöhnung treiben? Welche dieser beiden Nationen hat, auf den Punkt gebracht, eine größere Rechtfertigung für politische Konzepte und praktische Aktionen, die möglicherweise von einer Anwandlung von Paranoia diktiert sein könnten?

Diese Fragen sind angebracht angesichts des im Großen und Ganzen lobenswerten Vorhabens Südafrikas, selbst den ausgewiesenen Leugnern und Feinden einer grundsätzlichen Menschlichkeit die versöhnende Hand entgegen zu strecken. Nehmen wir einmal an, die neue Nation hätte sich entschieden, eine andere Politik in Bezug auf die Vergangenheit zu verfolgen, eine, die dem

---

[5] von der schwarzamerikanischen »Nation of Islam«

Geist von »Wahrheit und Versöhnung« diametral entgegengesetzt ist, wäre es dann vorstellbar, dass Mr. Duke auch nur daran zu denken gewagt hätte, Südafrika zum Zwecke einer Geschäftsreise zu besuchen, dazu noch einer, die keineswegs vertuscht, dass sie als Kreuzzug zur Verbreitung eines Evangeliums des Hasses unternommen wird?

Die mit »Wahrheit und Versöhnung« zusammenhängenden Dramen werden sich, leider, mehrheitlich außerhalb der Sitzungssäle, wo die Anhörungen des Ausschusses stattfinden, und weit über die Dauer dieser Anhörungen hinaus abspielen. Diese Dramen werden nicht immer so marktschreierisch dumm sein wie Mr. Dukes versuchter Beutezug; sie werden, in oft kaum merklichen Bewegungen, ihr Entstehen den Sporen derselben Pflanze einer nationalen Nachsicht verdanken, die ebenso viel Potenzial für das sozial Gute und eine Heilung enthält wie für den Missbrauch und die Inthronisierung eines Kults der Straflosigkeit. Denn es wird stets Menschen geben, die aus diesen Vorgehensweisen allein eine Rechtfertigung für egal welche Verbrechen – wie abscheulich diese auch sein mögen – ableiten werden, solange sie sich nur auf die Verpflichtung auf irgendeine Form privaten oder kollektiven Glaubens an Staatsraison oder auf rassische oder sektenmäßige Solidarität berufen können.

Es gibt viele Konsequenzen einer solchen Politik – Südafrikas »Wahrheit und Versöhnungs-Kommission« ist eines ihrer Instrumente –, für die es keinen eingebauten Mechanismus verpflichtender Gegenseitigkeit zu geben scheint. Wissen, Information, ist jedoch eine soziale Tugend, die in sich ein Potenzial für Prävention oder soziale Wachsamkeit birgt; und diese Tugend mag in der Tat ein Gegengewicht bilden zu den Risiken eines Projektes, das im Prozess der historischen Abrechnung auf das Prinzip der Wiedergutmachung zu verzichten scheint. Aber ist Wissen an sich schon von dauerhafter Wirkung? Oder ist das Gedächtnis nur zu kurz? Nur kurze Zeit zurückliegende Ereignisse im heutigen Nigeria – das zunehmende Vertrauen auf die Effizienz des staatlichen Terrorismus und die völlige Erosion der Menschenrechte – erinnern ganz gewiss an die Laufbahn früherer Ungeheuer in der Machtlandschaft eines Kontinents, ihre Fähigkeit zu kaum vorstellbaren Grausamkeiten.[6] Die abstoßende Art und Weise, wie gewisse Herrscher ihr Ende fanden, sollte ihren Nachahmern als Lektion dienen – doch seltsamerweise tut sie das nie. Man könnte fast glauben, Macias Nguema von Äquatorial-Guinea hätte niemals existiert, jener Voodoo-Tyrann, der an einem Strick sein schauerliches Ende fand. Und bei Master-Sergeant Doe[7] erwies ich mich selbst als armseliger Prophet, als ich ihm das Schicksal voraussagte, das Macias Nguema ereilt hatte[8]; der nämlich starb einen wesentlich elenderen Tod – er wurde von einer Fraktion der Möchte-Gern Befreier Liberias stückchenweise geschlachtet.

Kaiser-auf-Lebenszeit Jean-Bedel Bokassa war vermutlich der Farbigste des ganzen Haufens, ein imperialer Kindermörder, dessen Schicksal wahrhaftig ein Fall wirksamen afrikanischen *jujus*[9] war – à la *Emperor Jones* –, denn er kam ja aus freien Stücken zurück an den Ort seiner Verbrechen und beschloss seine Tage in einer der schmuddeligen Zellen, in die er seine Opfer – zum persönlichen Vergnügen seiner Palastgarden – zu führen und sie, die angeblichen Verbrecher, zu Tode zu trampeln

---

[6] Soyinka bezieht sich hier auf die Zeit vor dem Übergang von der Militärdiktatur Abachas zur neuen Demokratie.
[7] Ehemaliger Diktator Liberias.
[8] Soyinka bezieht sich hier auf sein Lang-Gedicht »*The Apotheosis of Master-Sergeant Doe*«.
[9] Magische Praxis.

pflegte. Einmal abgesehen davon, dass er in einer öffentlichen Pressekonferenz einen Journalisten mit dem schweren Ende eines Offiziersstabes in die Unterwürfigkeit hämmerte, war seine berüchtigtste Tat die Ermordung von Schulkindern. Diese hatten nämlich die Frechheit besessen, jene Schuluniformen abzulehnen, für die er und seine Familie das exklusive Vertriebsrecht besaßen. Wie ein guter Schullehrer dies tun sollte, sammelte er die aufmüpfigen Schüler ein, sperrte sie zur Strafe ins Gefängnis und verpasste ihnen, von seinen Totschlägern assistiert, eine ordentliche körperliche Züchtigung. Dass mehrere an dieser Dosis imperialer Disziplin starben, bestätigte allein das biblische Gebot: »Wer mit dem Stock spart, verwöhnt das Kind.«

Dieser unvorstellbaren Grausamkeit habe ich im Stück »*Opera Wonyosi*« eine Szene gewidmet; doch so sehr man es auch versuchen mag: Keine fiktionalisierte Form kann je als ein Instrument zur Aufklärung der Öffentlichkeit mit einem öffentlichen Tribunal konkurrieren, egal welcher Ausprägung auch immer, und ungeachtet des Prinzips, das ein solches Tribunal inspiriert – ob es sich nun um das Prinzip der Versöhnung oder um das der Wiedergutmachung handelt. Ich erinnere mich, dass ich mit einem guten Freund beim Abendessen ein Gespräch führte, das fast in einem Handgemenge endete und zwar über unseren größten Schlächter seiner Zeit, Feldmarschall Idi Amin Dada. Idi Amin, so hatte ich bemerkt, war ein praktizierender Kannibale, der tatsächlich die Köpfe seiner von ihm vermuteten Feinde zum gelegentlichen Beschauen in seiner Tiefkühltruhe aufbewahrte. »Westliche Propaganda!« rief mein Freund aus. »Wie kannst du nur derart absurde Erfindungen glauben?« Erfolglos versuchte ich ihn von der Glaubwürdigkeit meiner Quellen zu überzeugen – zu denen die Kinder afrikanischer Diplomaten gehörten, die ich als Herausgeber der Zeitschrift »*Transition*« persönlich interviewt hatte. Sie waren Freunde von Amins Kindern, die sie gelegentlich auch zuhause besuchten – jedenfalls bis zur Intervention ihrer Eltern. Nichts, aber auch nichts konnte den Glauben meines Disputanden erschüttern, dass ein solche »Geißel der westlichen Mächte« nie in solche Niederungen der Barbarei hinabsteigen könnte – wie sonst könnte die »westliche Presse« denn ihre Rache üben, es sei denn durch erfundene Zeitungsenten, die in ihren Augen bewiesen, dass afrikanische Führer weit über alles Vorstellbare hinaus pervertiert waren?

Die nach Idi Amins Abgang eingesetzte Untersuchungskommission hat dann natürlich noch weit schrecklichere Details über die letzten Augenblicke im Leben der Feinde Idi Amins zu Tage gefördert – wie auch von ihren letzten Ruhestätten, wenn man diesen Ausdruck überhaupt derart missbrauchen darf. Allein aus diesem Grunde ist also die Notwendigkeit solcher Untersuchungskommissionen ganz sicher erwiesen – um eben ein für alle Mal der erstrebten Wahrheit zum Sieg zu verhelfen. Über die Wahrheit hinaus jedoch wird der Prozess, durch den sie dargestellt wird, zu einem für sich selbst notwendigen Prozess; und, je nach der Natur der Vergangenheit, die in diesem Prozess angesprochen wird, der Auswirkungen, die er selbst auf das Leben der Bürger gehabt hat und der Belastung ihres Zugehörigkeitsgefühls zu einer nationalen Gemeinschaft kann ein solcher Prozess entweder die Zukunft einer Nation garantieren oder sie zum Sinken bringen. Man kann einen solchen Prozess sogar als eine Therapie gegen die Entfremdung der Bürger vom Gemeinwesen ansehen. Es gibt ganz offensichtlich eine Grenze für die Möglichkeiten selbst des besessensten Dramatikers, öffentliche Empfindungen über die Anerkennung der Wahrheit zu verändern – und ist der arme Schreiberling nicht ohnehin bereits durch die Notwendigkeit der Fiktionalisierung verdorben, weil er also selektieren, verfremden und übertreiben muss, um Wirkung zu erzielen? Nicht einmal die Verwendung des tatsächlichen, direkten, unbeschönigten Dialogs (wie in Gerichtsprotokollen) eines Verbrechens wie in ›*Der Tod von Steve Biko*‹ von Fenton und Blair rettet den Dramatiker vor dem Verdacht, er wolle unbedingt seine Version der Dinge durchsetzen. Der Dramatiker ist aber gezwungen, hundert oder mehr Stunden in zwei oder drei Stunden zu komprimieren und muss deshalb edieren, also kürzen. Gerichtsverfahren hingegen haben, selbst als gedruckte Dokumente, den Vorteil einer *direkten* Realität, und so ist dies ein dringender Appell an afrikanische Regierungen, diese Dokumente nicht in den muffigen Archiven rassischer Feinfühligkeiten zu begraben. Es ist absolut zwingend, dass wir den Inhalt von Mobutus Schweizer Banktresoren erfahren – doch als weit wichtiger noch für das nationale Wohlergehen und seine Fähigkeit zur Veränderung muss die Offenlegung der Inhalte von Idi Amins Kühlschrank erachtet werden! *Die Wahrheit wird euch frei machen!* Vielleicht. Doch zunächst muss die Wahrheit selbst freigesetzt werden.

Die Wahrheit als Vorspiel zur Versöhnung, das scheint logisch genug zu sein; doch Wahrheit als die Rechtfertigung, als die einzige Forderung oder Vorbedingung für die Versöhnung? Genau dies ist der Stolperstein in der südafrikanischen Vorgehensweise. Anders als Master-Sergeant Doe oder Kaiser Bokassa scheint Idi Amin ja in einer Art gemütlicher Altersruhe in Saudi-Arabien zu leben. Aber nehmen wir einmal an, Uganda machte sich daran, seine eigene »Wahrheits- und Versöhnungs-Kommission« über die Herrschaft Idi Amins und des früheren Präsidenten Milton Obote einzusetzen; würde beiden, wenn beide denn noch am Leben wären, dann erlaubt werden, zurückzukehren, ihre Verbrechen zu gestehen, und würden beide dann wieder ganz in die ugandische Gesellschaft aufgenommen werden, freigesprochen von allen Verpflichtungen, Buße zu tun? Die meisten traditionellen afrikanischen Gesellschaften haben soziale Praktiken entwickelt, die nach ernsthaften Verletzungen des sozialen Friedens die Wiederherstellung der Harmonie garantieren – man nehme zum Beispiel die Verbannung Okonkwos nach einem unbeabsichtigten Totschlag in Chinua Achebes Roman *Things fall Apart*. Und wenn ich einmal ein wenig sonderbar argumentieren darf: Ist die bizarre Rückkehr von Kaiser Bokassa in die Zentralafrikanische Republik, in vollem Bewusstsein dessen, was ihn dort erwartete, nicht vielleicht ein starkes Argument für die Existenz irgendeiner Form übernatürlichen Eingreifens – in diesem Falle etwa der rachsüchtigen Seelen der geschundenen Kinder, die ihn aus der Sicherheit seines französischen Exils zurückschleppten? Ganz gewiss schien einem besonders grausamen Akt der reinigende Abschluss solange verwehrt zu sein, bis der Verbrecher zurückkehrte, um am Ort des Verbrechens selbst für seine Tat zu büßen. Mag sein, dass die afrikanische Wesensart, wenn es um Abscheulichkeiten geht, den *horror vacui* hasst. Sind wir also (mit dem südafrikanischen Vorbild) dabei, uns allzu weit von unseren Vergewaltigern wegzubewegen, indem wir als Reaktion auf die Gewalt ein Verhalten annehmen, das uns eine Haltung kollektiver Großzügigkeit aufbürdet, dies um so mehr angesichts der fortdauernden Vergehen gegen Körper und Geist?

Vielleicht sind dies aber auch Fragen, die letztendlich nie befriedigend beantwortet werden können – die Teleologie des individuellen sozialen Empfindens befindet sich ja häufig im Kriegszustand mit dem kollektiven Teil. Und überhaupt – um im Sinne einer gerechten

Strenge des Gesetzes zu argumentieren: Da wir die rückwirkende Anwendung eines Gesetzes bedauern – d.h. eines Gesetzes, das heute Taten bestraft, die, als sie begangen wurden, keine Verbrechen darstellten –, erleben wir ein Gefühl moralischer Verzerrung in einem Vorgang, der genau das Umgekehrte verfolgt – der nämlich ein Verbrechen durch rückwirkenden Freispruch vergibt – dies ohne Ansehen des Tatortes. Chile und Argentinien sind zwei Länder, die sich in einem Dilemma gefangen sehen, einem Scheideweg zwischen dem politisch Zweckdienlichen und dem moralisch Verpflichtenden. Und es muss hervor gehoben werden, dass nicht wenige der Verbrechen, die in den Anhörungen der Wahrheitskommission in Südafrika zu Tage gefördert wurden, tatsächlich das Gesetz und die Handlungsanweisungen, wie sie selbst zu Zeiten der Apartheid galten, offen verletzten. Kurz gesagt: Es ist keineswegs so, dass man sich einfach auf die von Eichmann angeführte Verteidigungslinie zurückziehen könnte – *Ich habe damals lediglich die Befehle meiner Vorgesetzten ausgeführt* – im Fall Südafrikas kann man sich nicht einmal auf diese Art von Verteidigung berufen.

Das südafrikanische Beispiel, eines, das den Stier bei den Hörnern packt, indem es eine eindeutige Absichtserklärung verkündet, bietet sich somit für eine zwingend erforderliche Analyse an. Andere Kommissionen haben keinen Anspruch angemeldet, der über die Feststellung der bloßen Fakten hinausgegangen wäre; hierbei handelt es sich um eine Prozedur, die in ihrem Kern nicht bereits im Vorhinein Immunität vor Strafe gewährt (oder jedenfalls nur selten, etwa im Sinne eines Handels, einer gegen Geständnis in Aussicht gestellten Strafminderung); und zudem handelt es sich um eine Prozedur, die keineswegs die vielen erdenklichen Mechanismen einer gewissen Form von Wiedergutmachung durch die der

Untat Überführten ausschließt. Die Form des »revolutionären« Tribunals passt nicht annähernd in dieses Raster, weil es gewöhnlich ein Instrument »revolutionärer Gerechtigkeit« ist, das keinem anderen Gesetz als dem der Sieger folgt, und dies mit oder ohne Zustimmung des befreiten Volkes. Südafrika war nun in der Tat nie ein Kandidat für die revolutionäre Formel, da das Land seine politische Transformation eher Verhandlungen als dem Kampfe verdankte.

Die Geschichte lehrt uns, dass wir uns vor dem Zorn der Befreiten hüten müssen, wie auch vor den Ungerechtigkeiten, die nicht selten ihren berechtigten Hunger nach Gerechtigkeit begleiten. Ich war anwesend beim »Ersten Kommen« von Ghanas Flieger-Leutnant Jerry Rawlings, und ich mochte kaum meinen Augen und Ohren glauben, als ich den damals stattfindenden Spektakeln an Mob-Justiz beiwohnen musste, die häufig von uniformierten Soldaten ange- und mitbetrieben wurden. Gelegentlich besahen sich die Soldaten diese Spektakel auch nur mit einer geradezu unerbittlichen Untätigkeit. Im Wesentlichen aber richteten sie ihre eigenen Schnellgerichte ein, die in den Kasernen oder auf den Marktplätzen »sofortiges Recht« sprachen, vor allem während ihres »totalen« Krieges gegen das Spekulantentum und das Horten von Waren auf den Märkten. Für mich unvergesslich und bis heute erschreckend waren vor allem die Prozessionen einer dumpf brüllenden studentischen Bevölkerung, die sich in geradezu messianischer Besessenheit mit den Schreien: »Tötet! Tötet! Blut! Mehr Blut! Lasst Blut fließen! Mehr! Mehr!« kopfüber in den Abgrund der Unvernunft stürzte. Zuvor hatte ich ganz real erlebt, wie eine stolze und produktive Nation von der Militärkaste und ihren zivilen Speichelleckern ausgeraubt und das Selbstvertrauen der Bürger nicht nur in die Fähigkeit, das Hier und Heute zu überleben, sondern auch die eigene Zukunft zu gestalten, ganz gezielt unterminiert worden war; und jetzt war der Moment der Wahrheit etwas, das ich sehnsüchtigst erwartet hatte; ja mehr noch, ein Moment, zu dessen Herannahen wir von unserem Posten der Zeitschrift »Transition« aus einen bescheidenen Beitrag geleistet hatten. Schließlich sah ich mich der Frage gegenüber, jedenfalls im Nachhinein, ob die Herangehensweise der »Wahrheitskommission« – wenn auch mit einigen fundamentalen Veränderungen in den »essentials«, also etwa näher bei »Wahrheit und *Wiedergutmachung*« – der ghanaischen Bevölkerung nicht doch dienlicher gewesen wäre. Der Höhepunkt der Wiedergutmachung, die die Bewegung in Ghana damals wählte, war die umstrittene Exekution von sechs Offizieren, vier von ihnen Generäle. Für wenigstens einen von ihnen gab es absolut keine *Gerechtigkeit*, da die Wahrheit in seinem Gerichtsprozess keine Rolle spielte. Seine Exekution war der reine Mord, eine Tatsache, die der Führer des Aufstandes bei mehreren Gelegenheiten sogar eingestand, eines Aufstandes, der sich zu einer Art Revolution verwandelt hatte; er war ganz offensichtlich hilflos, als er sich der Flutwelle der Unvernunft gegenübersah. Typisch für die jakobinische Stimmung, die aus dem *zivilen* Teil der Bevölkerung – wenn auch, zugegebenermaßen, keineswegs *unisono* – in die Gesamtgesellschaft überschwappte, war die von einem römisch-katholischen Priester zum Ausdruck gebrachte Aufmunterung[10]:

»Diese Revolution ist keine Hochzeitsparty ... Dies ist der Moment, um die ganze Nation zu taufen ... Deshalb lieben wir die Exekutierten nicht weniger, aber wir lieben unser Land mehr ... Natürlich sind die Exekutionen nicht die einzige Lösung, aber sie sind ganz sicher Teil der Lösung.«

---

[10] In einem Leitartikel des ghanaischen »Catholic Standard«. (W. S.)

Und in der Wochenzeitschrift »West Africa« war am 2. Juli 1979 der folgende Leserbrief eines ghanaischen Arztes zu lesen:

»Ich unterschreibe ganz und gar die Entschlossenheit des ›Bewaffneten Revolutionsrates‹, das Land mit dem Blut der Korrupten reinzuwaschen ... Schon seit geraumer Zeit habe ich meinen Freunden gesagt, dass Ghanas Reinigungsmittel das Blut jener ist, die das Land derart durch Eigensucht und Korruption zu Grunde gerichtet haben ... Ghana ist dermaßen befleckt, dass das Blut von 500 gerade einmal ausreicht, um den Staub von der Oberfläche wegzuwischen. Um aber den Schmutz und den eingefressenen Dreck loszuwerden, muss der AFRC[11] noch ein großes Stück weitergehen.«

Das muss uns hier genügen, um genau das Gegenteil von »Wahrheit und Aussöhnung« zu dokumentieren, immer eingedenk der Tatsache, dass der ghanaische Aufstand ein Szenario war, das sich deutlich von den Vorgängen in Südafrika unterschied. Ihr einziger gemeinsamer Boden ist die Anerkennung des Bedürfnisses einer Reinwaschung von der Vergangenheit, der Schaffung eines neuen Bewusstseins vom eigenen Sein, doch die unterschiedlichen Vorgehensweisen in Ghana Anfang der achtziger Jahre und fast zwei Jahrzehnte später in Südafrika dienen uns in der Tat als Beispiele für die beiden extremen Optionen der Initiierung eines solchen Prozesses nach dem Zusammenbruch einer diskreditierten und kriminellen Ordnung. Wäre das Ethos der »Wahrheits- und Versöhnungskommission« im Ghana nach der Herrschaft des Generals Acheampong anwendbar, ja überhaupt denkbar gewesen? Im Zaire nach Mobutu? Lässt sich dieses Ethos auf das Nigeria nach

---

[11] Der damalige »Revolutionsrat der Streitkräfte«.

dem Diktator Sanni Abacha anwenden? Dass die Umstände ein solches Vorgehen als angeraten erscheinen lassen mögen, kann nicht bestritten werden, doch wir dürfen nicht vor einigen Fragen zurückschrecken: Wäre ein solches Verfahren auch *gerecht*? Und wichtiger noch: Wie würde ein solches Verfahren sowohl die Gegenwart als auch die Zukunft mit einbeziehen?

Die Verbrechen, die der afrikanische Kontinent gegen seine eigene Art begeht, sind von einem Ausmaß und, unglückseligerweise, auch von einer Art, die ständig das Erinnern wachzurufen scheint an jene historischen Verbrechen, die dem Kontinent von anderen zugefügt wurden. Es gibt Momente, in denen es fast so scheinen will, als ob es eine teuflische Kontinuität (und Unvermeidlichkeit?) in all dem gäbe – man kann sich nicht des Eindrucks erwehren, als stelle das Verhalten der heutigen (internen) Sklavenhändler lediglich das hartnäckige Auf-uns-Einstürzen einer noch ungesühnten Vergangenheit dar. Die alten Sklaven-Gehege scheinen nie verschwunden zu sein; sie scheinen sich eher ausgeweitet zu haben, scheinen wahllos riesige Räume zu okkupieren, die nur allzu oft mit nationalen Grenzen überein zu stimmen scheinen. So bestimmen denn die Bedeutung des Erinnerns, das Gewicht alter Präzedenzfälle heutigen Verbrechens ganz offensichtlich unsere Reaktionen auf die ganz unmittelbaren heutigen und häufig noch brutaleren Angriffe gegen unsere Menschlichkeit wie auch die Strategien für heilendes Handeln. Und indem wir uns derart dieser Bürde des Abwägens ausgesetzt sehen – das Gewicht des Erinnerns gegen die Vergewaltigungen in der Gegenwart – ist es manchmal ganz nützlich, die Stimmen der Griots[12] anzurufen, dies sowohl in der traditionellen Ausprägung aus den Zeiten unserer Vor-

---

[12] Der afrikanischen Barden und oralen Überlieferer der Geschichte.

fahren wie auch in der ihrer heutigen Interpreten, der Dichter. Das Gedächtnis verweigert offensichtlich den Gedächtnisverlust, doch das Erinnern bleibt zugänglich für ein Abschließen, das anscheinend das eigentliche Ziel sozialer Strategien wie derjenigen von »Wahrheit und Versöhnung« ist, wie auch das der »Wiedergutmachungsbewegung«, mit der die Versklavung des Kontinents kompensiert und ein für alle Mal abgeschlossen werden soll. Hierin finden die beiden Vorhaben ein gemeinsames Fundament, obwohl das letztere Vorhaben ja, im Gegensatz zum ersteren, die Forderung nach Entschädigung einschließt. Beide aber streben nach der kathartischen Befriedigung, der Heilung, die sich als Folge des Abschließens einstellt.

Der schwarze Dichter – sowohl der auf dem Kontinent selbst als auch in der Diaspora – hat sich ins Herz dieses Hungers nach Abschluss geworfen gesehen, und er hat hierauf auf vielfältige Weise reagiert; und die vielfältigen Weisen seiner Reaktion belegen die jeweils einzigartige Gestalt des Dichters in Bezug auf Kolonialismus und Verpflanzung (oder Entfremdung) wie auch in Bezug auf die Wiederherstellung des Selbst durch eine humanistische Ethik – die manchmal wie ein gewollter Glaubensakt wirkt, eher wie eine Gralssuche denn als eine Gabe der eigenen Kultur. Wie breit, wie großzügig dieser humanistische Mantel über die Verbrechen der Vergangenheit ausgebreitet werden sollte, das bleibt das Mahlgut in der Mühle poetischer Auseinandersetzung – Dichter gegen Dichter –, indem jeder Dichter eine gemeinsame Erfahrung sowohl durch die Prismen traditionellen Denkens als auch durch die anderer Verdichtungen von Wissen, Weisheit und Glauben (inklusive der Ideologie) interpretiert – manchmal sogar durch die der eigentlichen Vergewaltiger der Menschlichkeit des Kontinents selbst. Anders als der Theologe, der seine Stimme aus dem Reich der Götter ableitet, eignet sich der Dichter die Stimme des Volkes und die ganze Bürde seines Erinnerns an. Wo er sich auf die Götter und die Ahnen beruft (wie im Falle der Dichter René Depestre und Birago Diop), da tut er dies gewöhnlich, um sie den Völkern dienlich zu machen, um ihr Urteil über die Geschichte wirksam werden zu lassen und den stechenden Schmerz des Gedächtnisses der Völker zu lindern. Die Strategie eines Dichters-*cum*-Theologen wie, in einem ganz besonderen Sinne, Léopold Sédar Senghors könnte deshalb angesehen werden als eine Brücke zwischen jenen beiden Gruppen von Dichtern, die von unterschiedlichen Impulsen angetrieben und durch sie getrennt werden: jenen, die vornehmlich vom Erinnern angetrieben werden und jenen, die die Geschichte transzendieren möchten. *Irren ist menschlich, dafür büßen human*, erklärt der eine; *Irren ist menschlich, vergeben ist afrikanisch*, antwortet der andere. Weist aber die Menschlichkeit eines Kontinents tatsächlich derart unerschöpfliche Reserven auf, dass sie wahrhaftig die letztere Haltung aufbringen kann? In Vorwegnahme des Ereignisses haben sich die Dichter dem großen humanistischen Dilemma Südafrikas gestellt, und im Wesentlichen – so will es uns scheinen – nimmt der Dichter manchmal die Vision des Staatsmannes vorweg oder gibt ihm im Nachhinein seinen Segen.

I. WIEDERGUTMACHUNG, WAHRHEIT UND VERSÖHNUNG

Aus dem Kontinent selbst heraus haben sich zwei Strategien für den Umgang mit der eigenen Geschichte entwickelt. Sie sind Kinder der gleichen Epoche, Hirnen entsprungen, die eine gemeinsame Identität teilen, und sie scheinen einander gleichzeitig zu ergänzen und zu widersprechen. Beide fußen auf dem als notwendig erachteten Prozess, die Wahrheit der eigenen Geschichte bloß zu legen, um die bösen Geister der Vergangenheit auszutreiben und einen kollektiven Seelenfrieden, die Heilung einer verletzten rassischen Psyche zu gewährleisten. Beide Konzepte scheinen sogar ein Spiel miteinander zu treiben – zumindest im Geiste –, denn in diesem Prozess scheint eine bestimmte Form von mentaler Aussöhnung für ihr Miteinander ausgelöst zu werden. Wie um alles in der Welt soll man Wiedergutmachung oder Entschädigung unter einen Hut bringen mit Aussöhnung oder Vergebung für angetanes Unrecht? Können wir wirklich anzunehmen wagen, dass beide Haltungen – auf ihre höchst unterschiedliche Art und Weise – die Sühne begangenen Unrechts und den Sieg des Rechts sicher zu stellen vermögen?

Die nicht zu leugnenden Unterschiede verkomplizieren die Angelegenheit nur noch – der eine Vorschlag entspringt einer Geschichte Afrikas, die bereits ein gutes Stück zurück liegt, mit der Zeit an Virulenz verloren hat und durch die globalen Beziehungsgeflechte nur noch verschwommen wahrzunehmen ist: der andere Vorschlag hingegen – der der Vergebung und Versöhnung – verdankt seine Entstehung einer Heimsuchung, die derart gegenwärtig ist, dass sowohl Opfer als auch Gewalttäter noch am Leben und im Zwang zum Zusammenleben gefangen sind. Dieser Kontrast allein schon gebiert ein Paradox an Erwartungen. Wenn denn überhaupt, ist es diese letztere Situation, die gegenwärtige also, die einen Ruf nach Wiedergutmachung in dieser oder jener Form als verpflichtend erscheinen lassen sollte. Die Opfer sind am Leben und brauchen eine Entschädigung, während ihre Folterer – als eine deutlich auszumachende Gruppe – weiterhin eine privilegierte Existenz fortführen, in Sicherheit die Diebesbeute einer scheußlichen Geschichte genießen. Es ist in der Tat innerhalb der Umgrenzung jener Südafrika genannten Nation, in der sich das Prinzip der Wiedergutmachung als etwas durchaus Praktisches und Machbares präsentiert, ja geradezu als laute Forderung – und dies ganz anders als der historische Kontext der Sklaverei, der sich, wenn es darum geht, die tatsächlichen Verantwortlichkeiten festzumachen, als in wachsendem Maße widerborstig erweist.

Lassen wir doch einmal unsere Phantasie ein wenig schweifen – was wäre denn daran vermessen oder ethisch unzulässig, wenn der weißen Bevölkerung Südafrikas eine allgemeine Steuer (als Buße und Wiedergutmachung für die Jahre der Apartheid) auferlegt würde? Dieser Gedanke ist nicht als ein konkreter Vorschlag gedacht, sondern vielmehr als reine Übung in Spekulation. Wir sind schließlich damit beschäftigt, alle nur möglichen Wege zur sozialen Aussöhnung aufzutun – von den offensichtlichen bis zu den undenkbaren. Eine kollektive Abgabe der weißen südafrikanischen Bevölkerung muss ja nicht als eine Strafmaßnahme betrachtet werden; da das beabsichtigte Ziel die Aussöhnung sein soll, könnte ein solches Angebot von jenen ausgehen, die von der Apartheid profitiert haben, und zwar als eine freiwillige Geste der Buße – es muss ja nicht unbedingt eine Regierungsinitiative sein. Ist eine solche Genesis – eben aus der beschuldigten Gruppe (der weißen Südafrikaner) selbst – wirklich jenseits aller Vorstellbarkeit? Wenn nun aber die Annahme selbstreinigender Möglichkeiten im Bereich der Psychologie der Schuld utopisch bleiben und sich deshalb ein gewisses Nachhelfen von außen als nötig erweisen sollte, dann könnte die Initiative von jemand wie Bischof Desmond Tutu ergriffen werden, einer Person, die ihre Autorität nicht aus dem südafrikanischen Establishment ableitet. Der angesehene Kirchenmann und Vermittler Tutu steigt eines Tages auf die Kanzel und spricht zu seinen Landsleuten just über dieses Thema: »Weiße Brüder und Schwestern im Herrn, ihr habt gesündigt, aber wir sind bereit euch zu vergeben. Die Worte der Apostel weisen uns darauf hin, dass der Lohn für unsere Sünden der Tod ist, doch in eurem Falle scheint es der Reichtum zu sein. Wenn ihr denn nun wählet, ein wenig von diesem sündhaften Reichtum abzugeben, als einem ersten Schritt auf dem Weg zur Buße ... usw. usw.«

Wir sind uns der Tatsache bewusst, dass Strategien zur Transformation der Gesellschaft häufig ein gewisses Maß an Pragmatismus verlangen, oder sagen wir es kruder, an *deals*. Die werden geheim abgeschlossen, manchmal nicht zu Papier gebracht, aber es sind eben doch *deals*, sie sind eine zwischen den Zeilen versteckte Garantie, lesbar nur für die Unterzeichner des öffentlichen Dokuments. Straffreiheit wird denen, die es eigentlich nicht verdienten, gewährt, um so den Schaden für die Struktur der Gesellschaft zu mindern und auch um Leben zu wahren – Argentinien und Chile sind die einschlägigen Beispiele, die dessen ungeachtet unser Moralgefühl herausfordern und unsere Menschlichkeit aufs Äußerste strapazieren. Eigentlich wünschen wir uns, dass die Galtieris, die Pinochets dieser Welt nichts Geringeres als das Schicksal der Nicolae Ceaucescus, der Sergeant Does und anderen menschlichen Schmutzes auf diesem Planeten ereilen möge. Ungeachtet dieser Einsicht aber, ungeachtet der Erkenntnis, dass Südafrika, wie jede andere Zone staatlich herbeigeführter Gesetzlosigkeit, einmalig ist in der Kompliziertheit der Bewegungen sowohl interner als auch externer Art, die zu seiner Befreiung geführt haben, bleibt ein Gefühl, dass die für die Harmonisierung dieser Gesellschaft angenommene Formel in gewissem Sinne einen der Pfeiler erodiert, auf dem eine dauerhafte Gesellschaft gegründet sein muss – Verantwortung. Und letztendlich auch: Gerechtigkeit.

Eine Tatsache, die häufig und nur allzu gerne ignoriert wird, ist die, dass das Territorium der Schuld nicht auf die nationalen Grenzen beschränkt war. Eines der mutigsten Eingeständnisse, das, so weit ich weiß, im Nachspiel eines revolutionären Kampfes gemacht wurde, war das von Präsident Nelson Mandela, der den »Afrikanischen National-Kongress« ANC ganz offen mit seiner eigenen schändlichen Geschichte überflüssiger Grausamkeit und der Verletzung der Menschenrechte konfrontierte, begangen vor allem in den Gefängnissen und Gefangenenlagern, die der ANC innerhalb der freundschaftlich verbundenen Frontstaaten wie Sambia betrieb. Folter und willkürliche Exekutionen waren dort offensichtlich an der Tagesordnung, und es ist nicht leicht, den bis heute nicht ordentlich gelösten Mord des unglücklichen »Stompie« zu vergessen, jenes schwarzen Jungen, der von Mitgliedern von Winnie (Madikizela) Mandelas Fußballmannschaft – in Wirklichkeit ihren Bodyguards – zu Tode geprügelt wurde. Der Mord der weißen amerikanischen Freiwilligen, die von vier gewöhnlichen Kriminellen aus dem Schwarzen-Ghetto Soweto erstochen wurde, wofür sie später inhaftiert wurden, ist eine weitere quälende Erinnerung. Ein Fernsehauftritt der vier Mörder bei einem Treffen mit den Eltern des Opfers, bei dem sie die Riten offenen Schuldbekenntnisses schamlos ausbeuteten, um vielleicht begnadigt zu werden, trifft genau ins Herz des moralischen Dilemmas einer Nation. Die Eltern gewährten ihre Vergebung, und indem das Verbrechen als »politisch« qualifiziert wird, hat es den Anschein, als hätten auch die Täter alle Bedingungen erfüllt, die sie für einen Straferlass qualifizieren. Doch müssen die psychopathischen Opportunisten eines revolutionären Kampfes denn nun wirklich auch noch zu Profiteuren eines Wohlgefühls des Sieges werden? Ein feiges Morden kann ohne jeden Zweifel – selbst nach den internen moralischen Kriterien eines Befreiungskampfes, wie gewalttätig der auch gewesen sein mag – eindeutig so benannt werden – wenn nicht, dann sollten wir ein für alle Mal und für alle Zeiten sämtliche Vorstellungen in Bezug auf Heldentum und die außergewöhnlichen Taten, die damit verbunden sind, aufgeben!

Legen wir doch einmal das Konterfei Pol Pots über das eines beliebigen öffentlichen Bittstellers um Vergebung in einem parallelen Prozess in Kambodscha. Ist es dem menschlichen Geist wirklich gegeben, diese ungeheure, von einem Menschen zugefügte Pein hinzunehmen oder gar zu annullieren? Die Logik von »Wahrheit und Versöhnung« aber verlangt, dass der menschliche Geist sich auf das Spektakel eines »reumütigen« Pol Pot vorbereite, eines Pol Pot, der, frei und moralisch reingewaschen, in einer normalisierten menschlichen Umgebung unbehelligt seinen Geschäften nachgeht!

Diese risikofreie Parade von Schuften, die in aller Seelenruhe – gelegentlich sogar mit nur mühsam kaschierter Genugtuung – von ihrer Rolle bei Entführungen, Quälereien, Morden und Verstümmelungen erzählen, und denen dann schließlich ohne irgendeine Strafe oder Buße Absolution gewährt wird, ist entweder eine Lektion menschlichen Großmuts oder eine Verherrlichung von Straflosigkeit. Zugegebenermaßen stellt ein solches Vorgehen zumindest eine Offenbarung der unbegrenzten menschlichen Möglichkeiten zur Lösung sozialer Krisen dar – und vielleicht muss dies unser einziger Trost bleiben. Selbst wenn das Urteil über ein solches Vorgehen eventuell doch negativ ausfällt, so steckt darin doch eine Herausforderung, die nicht geleugnet werden kann. Schließlich handelt es sich nicht um einen Vorgang, der in einem historischen Vakuum stattfindet. In Südafrikas nördlichem Nachbarstaat Malawi wurde in einem Prozess über Leben und Tod des einstmaligen Präsidenten auf Lebenszeit Hastings Banda befunden: Er wurde zwar freigesprochen – im Wesentlichen aus technischen Gründen – doch allein schon der Prozess, durch den der einst allgewaltige Wächter über Freiheit und Unfreiheit, der Herrscher über Leben und Tod zur gleichen Ungewissheit wie seine früheren Opfer gezwungen wurde, ist ein Modell für soziale Wiedergutmachung, dessen Wert nicht in Zweifel gezogen werden kann. Noch nie wurde die auf den öffentlichen Verkehrsmitteln Westafrikas allgegenwärtige Inschrift auf deutlichere Art unter Beweis gestellt: *No condition ist permanent* – Nichts währt ewig!

Das äthiopische Modell ist auf eine frösteln machende Weise ebenso instruktiv. Dem Prozess gegen den von 1974 bis 1991 regierenden Alleinherrschers Mariam Mengistu – *in absentia* – fehlte ganz eindeutig die therapeutische Symmetrie, die seine physische Präsenz geliefert hätte, doch die Anklagebank war (zumindest) mit mehreren seiner wichtigsten Helfershelfer beim Massenmord besetzt. Die Zeugenaussagen aus Äthiopien öffnen ein einmaliges Kapitel in der Geschichte staatlicher Kriminalität – jedenfalls auf dem afrikanischen Kontinent. Noch nie wurde ein Massenmord penibler bürokratisiert; die Akten enthüllen eine seltene pedantische

Genauigkeit staatlichen Wahnsinns – die penible Art, in der das äthiopische Regime sein Morden auch noch dokumentierte, steht in völligem Gegensatz zur Willkür des Idi-Amin-Regimes, zum Beispiel, oder desjenigen eines Désiré Mobutu in Zaire. Die Uhrzeit, die Methoden der Behandlung, das Befinden der Opfer, die Beseitigung ihrer sterblichen Überreste sind genau notiert, ebenso wie die Details der Folterungen sowie die Vergeltungsmaßnahmen gegen Kollegen oder Verwandte, die es wagten, Zeichen der Sympathie oder des Trauerns zu bekunden. Angesichts dieser Tatsache sind wir dann bereit zu akzeptieren, dass allein schon das Verlesen oder die Veröffentlichung dieser schrecklichen Aufzeichnungen einen gewissen Trost bewirken können, der sich aus der Anerkennung vergangenen Erleidens ergibt – doch kann auch dies nie jenes abschließende Gefühl der Katharsis ersetzen oder auch nur auslösen, das allein die Anwesenheit der Angeklagten, die jetzt in einer Umkehrung der Rollen in die Mangel genommen werden, bewirkt. Dies geht über bloße Racherituale hinaus; es ist ein Prozess der Genugtuung – der Genugtuung für langes Leiden (und des dahinter verborgenen Widerstandswillens) der Gesellschaft, an dessen Ende die Wiederherstellung ihrer vergewaltigten Integrität steht.

Und es gibt andere Modelle – wie etwa Ruanda; in diesem Falle hat die internationale Gemeinschaft wieder einmal eine Rolle in einem Prozess angenommen, der deutlich macht, dass es bestimmte Verbrechen gibt, die über die Grenzen jedweder Nation hinaus gehen und Verbrechen gegen die Menschheit insgesamt darstellen. Das Problem, das sich aus dem in Südafrika gewählten Verfahren ergibt, ist deshalb der in ihm *a priori* enthaltene Ausschluss verbrecherischer Absicht und damit auch jeglicher Verantwortung der Täter für die von ihnen begangenen Verbrechen. Gerechtigkeit aber weist Verantwortung zu, und nur wenige werden leugnen, dass Gerechtigkeit ein grundlegender Bestandteil sozialen Zusammenhalts ist – denn, wie ich an anderer Stelle mit Nachdruck betont habe, Gerechtigkeit ist die erste Grundbedingung des Menschseins. Und ebenso wie der Gerechtigkeit dann nicht gedient wird, wenn der Beschuldigte vor dem Erweis seiner Schuld bestraft wird, wird ihr ebenso wenig gedient, wenn der Beschuldigte ohne Nachweis mildernder Umstände – oder seiner Reue – freigesprochen wird.

Wir sind uns der Tatsache bewusst, dass die Anwendung dessen, was ja tatsächlich eine Gewähren mildernder Umstände noch vor Feststellung der Beweise darstellt, nur ein Ziel im Auge hat: die Enthüllung der Tatsachen, die Schaffung von Wahrheit. Könnte es also sein, dass all dem die Verwirklichung jenes christlichen theologischen Lehrsatzes zugrunde liegt: »Die Wahrheit wird euch frei machen«?[13] Oder suchen wir etwa, für diese ungewöhnliche Lektion unseres Zeitalters, Antworten in einem Humanismus, den unsere eigenen Dichter und Philosophen, in Momenten der rassischen Euphorie oder der Herausforderung der europäischen Welt, als einzigartig afrikanisch ausgewiesen haben? Dichter und Staatsmänner vom Temperament eines Léopold Sédar Senghor würden, dessen bin ich mir sicher, eine solche schwarze Großherzigkeit voll unterschreiben. Wenn die Regierung von Nelson Mandela für ihre Option von »Wahrheit und Versöhnung« unter Afrikas Dichtern eine Rechtfertigung gesucht hätte, dann hätte Senghors Dichtung diese zur Genüge geliefert, so wie sie eine Philosophie der vollständigen Vergebung befürwortet. Und

---

[13] Die Konvention, die diese Weisheit dem Kapital jener christlichen sowie den anderen sogenannten »Weltreligionen« zuschlägt, lässt sich aber nur dann rechtfertigen, wenn genau dieses Prinzip auch auf die anderen Religionen, unter diesen auch die der Orisha, angewandt wird. (W. S.)

Senghor würde dies ohne Zweifel in jener großzügigen Erde afrikanischer Menschlichkeit verwurzelt finden, die er als eine beständige Kritik der Seelenlosigkeit Europas begreift. Nun ist das Afrika von Senghors Muse leider in den Realitäten, die uns heute umgeben, kaum noch wiederzuerkennen; und weil der Völkermord in Ruanda ja kaum einen Pulsschlag der Erinnerung selbst von den schlechtest Informierten entfernt ist, täten wir wohl besser daran, diesen Weg nur bedachtsam zu beschreiten, oder zumindest die korrigierenden Ansichten gegenwärtiger – ebenfalls schwarzer – Zeugen wie Keith Richburg (»Out of America«) zur Hilfe zu nehmen.

Aber wird die südafrikanische Doktrin funktionieren – letztendlich? Wird die Gesellschaft wahrhaftig gereinigt werden, als ein Ergebnis dieser offenen Artikulation des Gewussten? Denn selbst während wir noch von »Enthüllung« reden, ist es doch nur eine Enthüllung konkreter Einzelheiten: Gesichter werden bestimmten Taten zugeordnet, einzelne Personen gestehen ihre Rollen im Kontext bekannter verbrecherischer Vorgänge ein, die bereits identifizierten Täter gestehen Taten, die sie zuvor geleugnet hatten. Nichts davon ist wirklich neu. Der Unterschied besteht allein darin, dass das Wissen jetzt geteilt wird, kollektiv eben, und dass dieses Wissen jetzt ganz formal in die Archive dieser Nation eingeht. Jetzt aber zurück zu unserer ursprünglichen Frage: Wird diese formelle Artikulation des Gewussten die Gesellschaft wirklich heilen? Wird das Aussprechen des ohnehin Gewussten jene Aussöhnung ermöglichen, die das Ziel derer ist, die diesen heroischen Prozess initiiert haben? Denn hier handelt es ich in der Tat um einen heroischen Prozess – diesen Wert sollten wir diesem Vorhaben doch zugestehen. Selbst diejenigen unter uns, die offen eingestehen, dass sie keine Heiligen sind und sich von den christlichen – oder eigentlich buddhistischen – Seligpreisungen absetzen, erkennen ja immerhin an, dass Vergebung ein Wert ist, der an die Menschen weit größere Anforderungen stellt als das Ausüben von Rache. Wird also dieses Vorhaben die einander bekriegenden Stämme dieser Gemeinschaft wirklich »miteinander versöhnen«? Ich neige sehr zu einer negativen Prognose. Denn in diesem Schmelztiegel der Harmonisierung will mir ein Grundbestandteil fehlen, und dieser Bestandteil ist sowohl materieller als auch moralischer Art.

Das moralische Element ist grell genug, obwohl es gleichzeitig auch schon wieder viel zu nebulös ist, um es genau eingrenzen zu können – dieses Element heißt Reue und damit gleichzeitig Bußfertigkeit. Nebulös deshalb, weil man lediglich feststellen kann, dass Reue zum Ausdruck gebracht worden ist. Ist sie aber wirklich echt? Unmöglich, das zu sagen. Ich war bei keiner der Sitzungen der »Wahrheit-und-Versöhnungs«-Kommission in Südafrika anwesend, doch ich habe die Berichte in der Presse verfolgt – und die von Augenzeugen. Denn die nigerianische Oppositionsgruppe, zu der ich gehöre, beschloss, mit einem Auge auf der Zukunft der Nation nach der Vertreibung des letzten Diktators[14] und seiner Gang von Folterknechten und gedungenen Mördern, die Anhörungen in Südafrika von Anfang an aus der Nähe zu beobachten; dies in der Hoffnung, daraus einige Lektionen ableiten zu können, die sich für unsere künftige politische Ordnung als nützlich erweisen könnten. Irgendwann in der Zukunft müssen wir uns ja mit dem Katalog der Verbrechen beschäftigen, die während der jüngsten und voraufgegangenen Verrücktheiten der Macht gegen das nigerianische Volk begangen wurden – meine Aufmerksamkeit für dieses Thema ist somit, wie sich leicht

---

[14] Der General Sanni Abacha verstarb am 8. Juni 1998 angeblich an einer Herzattacke. Von Maiduguri im Norden Nigeria bis nach Lagos im Süden wurde daraufhin in den Straßen des Landes getanzt, ja selbst in den Kasernen! (W. S.)

erkennen lässt, nicht ohne einen Anflug politischen Eigeninteresses. Und die Berichte, die – von Beobachtern aller Rassen und divergierender politischer Tendenzen – zu uns drangen, belegten, dass es in diesen öffentlichen Beichtstühlen sehr wenig Anzeichen von Reue gab. Die Akteure in diesem beispiellosen Drama ließen kaum Anzeichen für eine glaubwürdige Wandlung erkennen. Zugegeben, dies werden stets subjektive Eindrücke bleiben, doch wenn die im Fernsehen übertragene Berichterstattung, die ich mir ansah und die Interviews mit den bekennenden Kriminellen einschloss, als vertrauenswürdiger Beweis betrachtet werden kann, dann bin ich überzeugt, dass die Antwort auf die unausgesprochene Frage – jedenfalls eine, die ich nie gestellt hörte – lauten würde: »Oh ja, unter den gleichen Umständen würde ich diese Tat noch einmal begehen.« Doch verlassen wir jetzt erst einmal die verschwommene Region der Reue und wenden wir uns der materiellen Frage zu.

Hier bietet sich, wie ich glaube, der Ruf nach Entschädigung für eine ganz andere und weit ältere Angelegenheit als *missing link* zwischen Wahrheit und Aussöhnung an. Wie diese Entschädigung dann tatsächlich abgewickelt wird, ist sekundär – im Fall Südafrikas ist es nicht allzu schwierig, die Betreffenden zu identifizieren, von den kollektiven bis zu den individuellen Tätern, von staatlichen Stellen über private Unternehmen bis hin zu unabhängigen Organisationen – seien es nun die ausschließlich weißen Parteien, die rassisch getrennten Clubs und Vereine usw., die Selbstverteidigungsmilizen (das Rückgrat des Staates in Gestalt der bewaffneten Freiwilligen-Korps) ... die ganze Breite privilegierter und/oder Profit abwerfender Institutionen, die Dank der Apartheid florierten. Das Wesentliche hierbei ist, das Prinzip als solches zu etablieren: dass ein bestimmtes Maß an Wiedergutmachung nach voraufgegangener Enteignung stets essentiell ist. Selbst die Sklavengesellschaft der USA erkannte dies an, obwohl das in den Südstaaten geltende Prinzip des »40 Morgen Land und ein Esel« (für die damals befreiten Sklaven) kaum das ist, was ich als angemessene Wiedergutmachung für Jahrhunderte der Verschleppung, der Entmenschlichung, der Schwerstarbeit ansehen würde. Die verächtliche, widerwillig-gönnerhafte Scheinheiligkeit der Wiedergutmachung in den USA sollte später nicht ohne Folgen bleiben: Indem die Wiedergutmachung auf diese Art und Weise gewährt wurde, trug sie ohne Zweifel zum Entstehen höchst unterschiedlicher und hartnäckiger Strategien einer erneuten rassischen Versklavung bei, und das Gesamtergebnis lief entschieden darauf hinaus, dass den derart »befreiten« Sklaven erneut jede Menschlichkeit abgesprochen wurde. Diese Form der Wiedergutmachung ermutigte den Jim-Crowismus[15], machte das Verbrechen der medizinischen Experimente von Tuskegee möglich, bei denen nichtsahnenden Schwarzen Syphilis eingeimpft wurde – eine über sechzig Jahre währende Schande, die erst heute und nur teilweise von der Clinton-Administration exorziert wurde. Die Hartnäckigkeit des Ku-Klux-Klan, sein krakenhafter Einfluss auf Machtstrukturen quer durch die USA und seine Bedrohung der demokratischen Selbstgefälligkeit der Regierung bleibt – bis zu seinem endgültigen Dahinscheiden – eine Warnung gegen die Option, ein kollektives Vergehen einfach zu vergeben. Die Kultur der Straflosigkeit in Rassenfragen blieb bis zur Explosion Anfang der sechziger Jahre fest in der amerikanischen Gesellschaft verwurzelt; und wie sehr man sich auch im Geiste anstrengen mag, fällt es doch schwer, auch nur andeutungsweise anzunehmen, diese Haltung sei auch nur annähernd ein für alle Mal getilgt

---

[15] Die bis in die sechziger Jahre im gesamten öffentlichen Leben der USA geltende Rassentrennung, wie etwa in Hotels, Restaurants, Bahnen und Bussen.

worden. Wurde also eine Chance für interne Wiedergutmachung zu einem entscheidenden Augenblick versäumt? Vermutlich hätten die heute vom afrikanischen Kontinent kommenden Forderungen nach Entschädigung in Amerika keine Resonanz gefunden, wenn die Befreiung der Sklaven von einer anderen Qualität der Integration in die amerikanischen Gesellschaft begleitet gewesen wäre. Aller Wahrscheinlichkeit nach hätten die Kinder der schwarzen Diaspora aus einer Situation endloser Zufriedenheit, totaler Harmonie mit einer neuen sozialen Umgebung heraus ihrer Verwandtschaft auf der anderen Seite (des Meeres) bedeutet, gefälligst den Mund zu halten – vermutlich hätten sie sie daran erinnert, dass ihre Vorfahren ja einen Teil der Verantwortung trügen, weil sie ihre eigenen Leute an europäische Sklavenhändler verkauften; und sie hätten ihnen bedeutet, dass jede Wiedergutmachung auf jeden Fall einzig und allein an die Abkommen derer zu zahlen wäre, die die Gräuel der Überfahrt und der Erniedrigungen auf den Plantagen in der Neuen Welt erduldet hatten. Doch selbst wenn wir das Voraufgegangene einmal zugestehen, dann kann der Kontinent stets noch und für sich selbst einige Ansprüche anmelden, und diese gründen auf den Verwerfungen seiner organischen Entwicklung, die sich auch heute noch auf die durch die Sklaverei verursachten Verwüstungen zurückführen lassen.

Es ist keineswegs schwierig, eine überwältigende Vielfalt von Gründen dafür anzuführen, dass die Geschichte der Sklaverei weiterhin das Gedächtnis der Welt beschäftigen muss. Der wichtigste Grund ist die simple Tatsache, dass die Geschichte der Menschheit nicht vollständig ist, solange diese Tatsache nicht anerkannt wird, und dass die Geschichte des afrikanischen Kontinents, inklusive seiner wirtschaftlichen Geschichte, ohne die Anerkennung dieser Tatsache eine verstümmelte bleiben würde. Außerdem bleibt der transatlantische Sklavenhandel, objektiv gesehen, eine unausweichliche Kritik des europäischen Humanismus. In anderem Zusammenhang habe ich bereits gegen die These gewettert, wonach der Holocaust gegen die Juden das erste Fragezeichen hinter alle Ansprüche eines europäischen Humanismus gesetzt habe – angefangen von der Renaissance über das Zeitalter der Aufklärung bis hin zur heutigen multi-kulturellen Orientierung. Ein Bestehen auf dieser These, so müssen wir beharrlich weiterhin betonen, liefert allein einen weiteren Beweis dafür, dass das Hirn Europas sich immer noch der Aufgabe gegenübersieht, die afrikanische Welt als einen gleichwertigen Bereich der Menschheit zu begreifen; hätte Europa dies geleistet, dann hätte sein historisches Erinnern das Versagen des europäischen Humanismus einige Jahrhunderte früher festmachen müssen – und zwar gleich zu Beginn des transatlantischen Sklavenhandels. Dies war, so erinnern wir uns selbst noch einmal, ein Unternehmen, das den Kontinent – nach glaubwürdigen Schätzungen – um mehr als 20 Millionen Menschen entleerte und sie unter Umständen der Brutalität über den Atlantik transportierte, die erst noch von irgendeinem Zusammentreffen zwischen den Rassen überboten werden müssen. Entschädigungen als Basis des Erinnerns und der Kritik müssen deshalb angesehen werden als eine notwendige Grundvoraussetzung für die Glaubwürdigkeit der eurozentrischen Geschichtsschreibung, und als Korrektiv für Europas ausschließende Weltsicht.

Denn mit der Sklaverei ging dem Kontinent mehr als ein in Zahlen zu fassendes menschliches Potential verloren. Der Sklavenhandel verursachte in weiten Teilen des Kontinents auch einen Bruch der organischen wirtschaftlichen Systeme. Hier handelt es sich um eine Verwerfung, die später durch die Auferlegung kolonialer Prioritäten bei der Zulieferung von Rohmaterialien für Europas industrielle Bedürfnisse sowie die Ankunft multinationaler Konglomerate verschlimmert wurde; diese Verwerfung muss – mindestens zu Teilen – zweifellos für die geradezu unüberwindlichen wirtschaftlichen Probleme dieses Kontinents heutzutage verantwortlich gemacht werden. War die »Aufteilung Afrikas« durch die imperialen Mächte lediglich eine geographische Vergewaltigung des Rechts eines Volkes, seine Ich-Werdung als Nation zu verwirklichen? Dies kann nur dann gelten, wenn wir weiterhin im Glauben beharren, dass die politische Instabilität innerhalb der sogenannten Nationen, die heute die Gesamtheit des Kontinents darstellen, rein gar nichts mit der Künstlichkeit, der schreienden *Unlogik* ihrer Grenzen zu tun habe! Deshalb ist es nur angemessen, wenn wir die Aufteilung des Kontinents jenen Untaten hinzufügen, die dem Ruf nach Entschädigung für Afrika zugrunde liegen, und ohne Zweifel wäre eine solche Forderung völlig angemessen. Mein Problem hierbei ist allein die Tatsache, dass die afrikanischen Nationen seit ihrer Unabhängigkeit von den europäischen Metropolen ja durchaus die Möglichkeit gehabt hätten, diese besondere Untat, wo immer dies augenscheinlich und erbittert gefordert wurde, zu sühnen, ihre eigene interne Wiedergutmachung zu bewirken, und zwar eine Wiedergutmachung für den Verlust organischer Identitäten und deren kostspielige Konsequenzen. Natürlich kann diese Aufgabe keinem Außenseiter, am allerwenigsten den ursprünglichen Tätern dieser Missetaten, anvertraut werden. Eine weitere Berlin-Konferenz der früheren Kolonisatoren, um die gegenwärtigen Grenzen eines Kontinents neu zu ziehen? Dies würde selbst ein Überschreiten der ohnehin schon großzügigen Grenzen der Absurdität bedeuten. Angefangen mit der »Organisation Afrikanischer Einheit« (OAU),[16] die diesen Akt arrogan-

---

[16] Der Dachverband afrikanischer Staaten mit Sitz in der äthiopischen Hauptstadt Addis Abeba.

ter Aggression formal absegnete, der – in Verteidigung des imperialen Mandats – diese Grenzen in Bürgerkriegen in unterschiedlichen Graden gegenseitiger Zerstörung bestätigte. Der Kontinent scheint dieses explosive Saatkorn der Uneinigkeit als Ganzes geschluckt zu haben – und zwar ironischerweise unter dem Banner der Einheit. Wenn doch die afrikanischen Führer sich endlich einmal – und sei es nur um das Hohle solcher Anfänge zu illustrieren – vor Augen führen könnten, wie viel die Teilung Indiens und Pakistans (und die Zuweisung ihrer jeweiligen Grenzen) lediglich den launenhaften Entscheidungen irgendeines direkt aus Whitehall importierten Kolonialbeamten verdankten, jemand, der bis dahin den asiatischen Kontinent nicht ein einziges Mal besucht hatte, der aber wegen seiner »objektiven« Distanz ausgewählt worden war, die just diese Ignoranz ihm angeblich verlieh; ihm wurde dann eine Frist von gerade einmal 28 Tagen gegeben, um seine Aufgabe zu vollenden, um so sicherzustellen, dass der Kontinent vor dem Unabhängigkeitstag tatsächlich geteilt wäre – wenn sie sich dies einmal vor Augen führten, dann würden diese afrikanischen Führer und ihre Claqueure lernen, in Bezug auf die schäbigen Behauptungen »nationaler Souveränität« weniger unverschämt-frech zu sein. Ein Großteil der Aufteilung Afrikas verdankte mehr einer Kiste Brandy oder einer Schachtel Zigarren als den überlieferten Behauptungen bezüglich dessen, was diese Grenzen umschlossen. Oder sollte etwa eben dieser Kolonialbeamte aus seinem Pensionärsdasein heraus eingeladen und ihm die absoluten und bindenden Vollmachten erteilt werden, das Durcheinander der uns heute umschließenden nationalen afrikanischen Grenzen endlich aufzulösen? Die Ergebnisse, dessen bin ich mir ganz sicher, wären nicht schlimmer als das Vermächtnis der imperialen Oberhäupter aus dem Jahr 1889.

Kulturelle und spirituelle Vergewaltigung – vervollständigen wir getrost den Katalog – haben unauslöschliche Spuren in der kollektiven Psyche und dem Identitätsempfinden der Völker hinterlassen, ein Prozess, der durch die aufeinander folgenden Wellen kolonisierender Horden praktiziert wurde, die die zusammenhängenden Traditionen brutal unterdrückten. Die Gegenwart dieser Horden war sowohl physisch real als auch abstrakt. Ihre Aufgabe bestand nicht allein darin, ihre eigenen Landsleute in all jenen Landstrichen anzusiedeln, deren klimatische Verhältnisse für Europäer günstig waren – im östlichen und südlichen Afrika etwa – sondern auch darin, Vorposten einer stellvertretenden Kontrolle dort zu etablieren, wo die afrikanische Umwelt sich als unfreundlich erwies. Westafrika verdankte sehr viel seiner Feuchtigkeit und dem Moskito, eine Tatsache, die von der ersten Generationenwelle der Nationalisten oft gefeiert worden ist. Eine politische Partei im Nigeria vor der Unabhängigkeit wählte tatsächlich den Moskito als ihr Parteisymbol aus.[17] Die Briten waren *not amused*, und prompt untersagten sie es.

Die kulturelle und spirituelle Verrohung des Kontinents, darauf müssen wir mit allem Nachdruck hinweisen, wurde nicht allein durch die christlich-europäische Achse vorgenommen. Die arabisch-islamische Dimension ging ihr voraus, und die war in all ihren Ausformungen gleichermaßen verheerend: Es ist dies eine Tatsache, die einige Wissenschaftler aus einem eher wirren Gefühl für kontinentale Solidarität dazu verleitet, diesen Teil der Geschichte zu schönen, und dies auf Kosten von Wahrheit und Realität. Wir müssen nun einige Zeit darauf verwenden, diesen revisionistischen Trend deutlich zu machen und ihn dann zum Schweigen bringen. Und für

---

[17] Der die tödliche Malaria überträgt, weshalb es in Westafrika keine Siedlerkolonien gab.

diese Übung sind wir verpflichtet damit zu beginnen, uns zunächst einmal selbst zu definieren. Diese Übung ist keineswegs neu, doch sie wird beständig unter den angeblich höherrangigen Forderungen des Pan-Afrikanismus und der anti-kolonialen Rhetorik, den Behauptungen von der angeblich einenden Identität der Opfer einer gemeinsamen Erfahrung verschüttet. Aber selbst der Pan-Afrikanismus verlangt doch von uns, dass wir erst einmal unter uns selbst die Definition dessen, was denn überhaupt Afrika ist, vollenden, die ja das Herz eines solchen Konstrukts bildet. Wir wissen natürlich, was als »Afrika« beschrieben wird, und zwar auf den Landkarten, deren Papier wiederum von den Mühlen just derer produziert werden, die zuvor auch den Kontinent aufteilten. Was noch nicht geklärt ist (nicht dass es nicht zu sehen wäre), ist die Frage: Wer sind denn die Menschen, die sich, innerhalb ein und derselben kontinentalen Grenze auf vielfältige Weise als *Afrikaner*, als *unter anderem auch Afrikaner* oder als *etwas anderes als dies* definieren.

Afrika – wo liegt denn das?

Was also ist, kurz gefasst, dieses Afrika, in dessen Namen Wiedergutmachung gefordert worden ist? Wer weiß das schon? Wenn wir versuchen, eine Antwort darauf zu finden, wen denn nun dieses Afrika umfasst, können wir uns einer akzeptablen Definition vielleicht derart nähern, dass die Opferrasse sich auszeichnet durch die Einzigartigkeit einer besonderen Erfahrung, die sonst niemand teilt. Wo beginnt dieses Afrika und wie weit dehnt es sich aus? Und wie groß und wie vielfältig ist diese Familie der Opfer? Selbst wenn wir es nahezu unmöglich finden zu entscheiden, an wen tatsächlich Reparationen gezahlt werden sollten, so können wir doch durchaus die einfachere Aufgabe bewältigen – da diese weitestgehend theoretisch ist –, diejenigen zu identifizieren, in deren Namen Reparationen gefordert werden. Geht es hier um einen ganzen Kontinent? Oder wird die Wiedergutmachung allein für bestimmte Teile des Kontinents gefordert? Und haben wir auf eben diesem Kontinent – wenn wir denn in der Tat darauf bestehen, dass Reparationen für das Inkraftsetzen einer neuen, harmonisierten Ordnung der Beziehungen essentiell sind – haben wir dann auf eben dieser »Afrika« genannten Landmasse auch solche, von denen wir ebenfalls Reparationen verlangen sollten?

Nicht alle afrikanischen Stimmen sind sich bezüglich dieser Fragen einig oder finden solche Fragen angenehm, doch Wahrheit geht mit Versöhnung einher, und deshalb darf es keine Ausflüchte geben. Diejenigen, die das Evangelium der Wiedergutmachung predigen, müssen bereit sein, ihre Forderung bis zu ihrem logischen Schluss zu verfolgen. Bei einer Konferenz zu just diesem Thema, die – wenn ich mich recht erinnere – 1991 in Nigerias Hauptstadt Abuja abgehalten wurde, gab es einen ungemütlichen Moment, als der Tatsache der arabischen Teilnahme am Sklavenhandel nicht länger ausgewichen werden konnte. Legen wir hier eine kurze Pause ein und merken wir, *en passant*, an, dass die Bewegung für Wiedergutmachung auf dem afrikanischen Kontinent von jenem Außenseiter-Geschäftsmann, der sich zum Politiker wandelte, doch weit wichtiger noch, dem gewählten Präsidenten Nigerias, Moshood Abiola, initiiert, propagiert und mit beträchtlichen Geldmitteln finanziert wurde – er war übrigens auch ein Pan-Afrikanist der frühen Stunde, ein Charakterzug des Mannes, der in der Presse nur selten Erwähnung fand.[18] Als ich diese Zeilen

---

[18] Am Vorabend seiner Freilassung aus dem Gefängnis, einen Monat nach dem Tod seines Kerkermeisters Sanni Abacha, verstarb Moshood Abiola ganz plötzlich, angeblich ebenso wie Abacha an »Herzstillstand«. Die Implikationen seines Todes für die Nation werden sich erst im neuen Jahrtausend entfalten, doch die Umstände waren eindeutig ominös. (W. S.)

schrieb, hatte Abiola bereits sein drittes Jahr in den Verliesen des Diktators zugebracht; sein »Verbrechen« bestand darin, dass er die Präsidentschaftswahlen des Jahres 1993 gewonnen hatte und er darauf bestand, sein Mandat auch auszuüben. Abiolas Kampagne für die Reparationen wurde von der nigerianischen Regierung bei einem Treffen der »Organisation Afrikanischer Einheit« in Abuja 1992 aufgegriffen, und seitdem ist die Bewegung für die Wiedergutmachung ein zwischenstaatliches Projekt geworden, mit einer eigenen Arbeitsgruppe bei der OAU.

Dies aber wirft nun in der Tat einige ethische Fragen auf. Es muss nämlich eine moralische Grundlage für alle Bemühungen um Gerechtigkeit geben – wer zum Gericht der Gerechtigkeit kommt, so sagt das lateinische Sprichwort, muss es mit sauberen Händen tun. Ein Kreuzzug, der auf moralischen Rechten gründet, wird offensichtlich durch das unsaubere Verhalten seiner Verfechter untergraben – hier handelt es sich um ein Thema, das wir an anderer Stelle wieder aufnehmen werden. Um aber wieder auf diese Konferenz, die Moshood Abiola leitete, zurück zu kommen: Das Thema der arabischen Teilnahme am Sklavenhandel wurde schließlich doch noch angesprochen. Als Mitglied des »Internationalen Komitees für Wiedergutmachung« saß dort ein tunesischer Diplomat, ein Araber also. Und der war nun gezwungen, sich dem Paradox seiner Präsenz als Mitglied dieses Komitees zu stellen. Seine Reaktion war eine sichere, keine sehr originelle, aber eine sichere. Anders als einige afrikanische Apologeten und tatsächlich auch eine Handvoll afrikanisch-amerikanischer Wissenschaftler und Ideologen berühmt-berüchtigter Richtung versuchte er keineswegs eine sinnlose Leugnung einer historischen Realität. Er antwortete lediglich mit dem Vorschlag, dass wir, »da wir doch alle Opfer kolonialer Unterdrückung sind«, in Solidarität gegen den gemeinsamen Unterdrücker zusammenarbeiten und … jenen Teil der uns aufspaltenden Geschichte einfach tilgen sollten. Er musste sich dann allerdings der logischen Konsequenz seines Arguments stellen – dass dann der gesamte Charakter der Bewegung für Wiedergutmachung geändert werden und das gesamte Unternehmen gänzlich umbenannt werden müsste. Vielleicht in »Bewegung zur Wiedergutmachung für die Opfer des Kolonialismus«? Diese Umbenennung – und die damit zum Ausdruck kommende Zielrichtung – aber würde das ursprüngliche Anliegen verwässern und eine ganz und gar andere Orientierung und Strategie erforderlich machen; das Vorhaben müsste dann derart ausgeweitet werden, dass es auch die Ureinwohner sowohl Nord- wie Südamerikas umfassen würde, wie auch die Australiens und Neuseelands … Kurz gesagt, eine Annahme dieses Vorschlags hätte unweigerlich dafür gesorgt, dass das »Manifest zur Wiedergutmachung« auf den Tischen der Vereinten Nationen gelandet wäre – für eine endlose Serie von Studien.

»Wir sind alle Afrikaner, lasst uns deshalb zusammenhalten und uns nicht den trennenden Einzelheiten hingeben, wer denn wen versklavt hat« – das ist ein Vorschlag, auf den man häufig stößt, und es ist ganz einfach ein Plädoyer für Ausnahmeregelungen, das dann ebenso häufig die berechtigte und unwiderlegbare Antwort provoziert: »Nein, nicht alle Völker Asiens sind Asiaten.« Wenn wir uns jetzt daran machen, eine Definition unserer selbst zu finden, das heißt, wenn wir uns daran machen, die Identität in der Generationenkette der Wiedergutmachung zu klären – sei es nun als Opfer, als Verurteilungswürdige oder als diejenigen, die wegen mildernder Umstände einen Sonderstatus für sich beanspruchen können –, dann wollen wir zunächst einige obskurantistische Kategorien beiseite räumen, wie etwa die der Religion. Dabei sollte ich zunächst – so ganz nebenbei – einmal klarstellen, dass die Frage »Wer ist ein Afrikaner?« für mich persönlich keine ist, die mir Schmerzen bereitet, da ich für mich selbst bereits vor langer Zeit beschlossen habe, als »Afrikaner« nur dann zu antworten, wenn ich so angesprochen werde, und das in einem nicht-kontroversen Kontext. Nach diesem Eingeständnis hoffe ich, dass man mir die Fähigkeit zugesteht, diese Frage mit genügend Leidenschaftslosigkeit zu behandeln. Pflegt ein Marokkaner oder Algerier, ob nun in der ersten oder der zehnten Generation in den Vereinigten Staaten lebend, auf die Frage »Wer bist du?« zu antworten: *African-American*? Feiert er gewöhnlich *kwanza*[19] oder mag er eher *soul food*[20] als *meze* oder *couscous*? Diese und verwandte Parameter der kulturellen Identität geben Anlass zu faszinierenden Überlegungen, sind aber keine Fragen von Leben und Tod.

Die Frage der Religion hingegen ist eine, zu der ich eine leidenschaftliche Parteilichkeit eingestehe, die jedoch allein aus einem sich immer mehr verschärfenden Gefühl angesichts einer fortdauernden Tradition der Verleugnung und der Verachtung der dem Kontinent eigenen Spiritualität herrührt. Das Argument für eine Vergebung oder die Gewährung eines »Ausnahme-Status« wurde auch auf dem Umweg über die Religion vorgebracht – womit der Verletzung auch noch die Beleidigung hinzugefügt wurde! Deshalb will es mir nur als gerecht erscheinen, dass wir jetzt einmal untersuchen, wieviel denn solche Argumente wirklich wert sind – ob sie wirklich mehr wert sind als die wissenschaftliche Energie und die Zeit, die die Medien in die Verbreitung dieses Argu-

---

[19] Ein vor etwa zwei Jahrzehnten von einem Afro-Amerikaner erfundenes Fest, das an die Stelle der christlichen Weihnacht und des jüdischen Hannukah treten soll.
[20] Das ethnische Essen der Afroamerikaner.

ments investieren. Was also ist – um einen Anfang zu machen – was ist *afrikanisch* an irgendeinem der Teile dieses Kontinents, der auf arrogante Weise jeden Religionswechsel als einen Abfall vom ›wahren Glauben‹ ansieht, der gar mit der Todesstrafe zu sühnen ist? Was ist *afrikanisch* an religiöser Intoleranz und todbringendem Fanatismus? Die Spiritualität des schwarzen Kontinents, so wie sie zum Beispiel in der Religion der *orishas*[21] bezeugt wird, verabscheut solche Prinzipien des Zwanges oder des Ausschließens; ganz im Gegenteil anerkennt die afrikanische Spiritualität alle spirituellen Manifestationen als Attribute des vielfältigen Ausdrucks von Göttlichkeit. *Toleranz* ist synonym mit der Spiritualität des schwarzen Kontinents, Intoleranz hingegen wird mit dem Bann belegt.

Das allein reicht natürlich nie aus, um diejenigen zum Schweigen zu bringen, die die Spiritualität eines Kontinents und eines Volkes allein aus der Silhouette von Kirchtürmen oder den Minaretten der Moscheen zu lesen vermögen. Fahren wir deshalb auf dem Wege der Analogie fort, wobei wir jetzt die Vereinigten Staaten als Beispiel verwenden, weil ja manchmal die aktuellen Vorgänge auf dem afrikanischen Kontinent für viele Menschen in den nördlichen Teilen der Welt einfach zu weit weg sind, um sie zu begreifen. Da hören wir also häufig, dass von den USA als einer »christlichen Nation« gesprochen wird. Was aber pflegt diese religiös-kulturelle Redewendung innerhalb genau dieser Nation zu verstecken? Nun mag diese Behauptung ja tatsächlich stimmen, angesichts der Tatsache, dass die Mehrheit der amerikanischen Bürger tatsächlich Christen sind – ob als praktizierende oder nur dem Papier nach. Tatsache ist aber auch, dass dieser vorherrschenden Religion seit ei-

---

[21] Der Gottheiten des Yoruba-Volkes in Nigeria.

nigen Jahrzehnten von einer anderen sehr gut organisierten Religion – dem Islam – ganz ordentlich zugesetzt wird, und dies vor allem innerhalb der schwarzen, und hier vor allem der schwarzen Gefängnis-Bevölkerung.[22] Beide religiösen Erscheinungsbilder der Gegenwart aber haben sich miteinander verschworen, um eine historische Anklage im Dunkeln verschwinden zu lassen: dass die auf der als »Vereinigte Staaten« bekannten Landmasse überlieferten Glaubenssätze weder das Christentum noch der Islam sind. Heute existieren die originären Glaubenssysteme und Weltsichten der amerikanischen Ureinwohner für die Mehrheit der Einwohner der Vereinigten Staaten nur noch als skurile Bräuche, die in geschützte Reservate verbannt sind, und sie werden ebenso als Randphänomene behandelt wie die Menschen, die sie praktizieren. Gelegentlich räumt die eine oder andere staatliche Institution just dies ein und versucht ein Nachbessern – ein Beispiel aus jüngerer Zeit ist die jetzt vom militärischen Establishment eingeräumte sogenannte »Peyote-Konzession«, die es den indianischen Angehörigen der Armee erlaubt, mit ihrem Gott durch das Rauchen von Peyote zu kommunizieren. Auch die *political correctness* landet also auf ihren Füßen, wenn auch nur gelegentlich! Und in dem Maße, in dem die Umwelt gefährdet ist, bauen hier und da ein paar Esoteriker diese Indianer als Beispiele dafür auf, wie eine »organische Beziehung zwischen dem Menschen und seiner Umgebung« auszusehen hätte, verwurzelt in einheimischer Kultur und Religion; doch davon abgesehen: Was bleibt denn von dieser indianischen Kultur und Weltsicht im *mainstream* der amerikanischen Spiritualität? Nichts! Ganz sicher nichts, das in der vorherrschenden gesell-

---

[22] Soyinka spielt hier auf die Tatsache an, dass ein überproportionaler Prozentsatz der schwarzen Amerikaner (und mehr noch der schwarzen Jugendlichen) im Gefängnis sitzt.

schaftlichen Kultur anerkannt würde oder in der Gesamtgesellschaft einen gefühlsmäßigen Wert besäße – ausgenommen natürlich die Tatsache, dass Football-Teams sich indianische Namen zulegen oder dass die Hersteller von Autos oder Flugzeugen ihren Produkten indianische Namen geben. Einige Städte, Straßen, Hügel und Flüsse, das müssen wir zugeben, tragen ebenfalls die Namen der ursprünglichen Einwohner dieser Landmasse, aber für den durchschnittlichen Amerikaner könnten diese Namen genauso gut zu den Meeren der Stürme und den Bergspitzen auf dem Mond gehören.

Umgekehrt aber, also aus der Sicht der Sioux, der Apache oder der Cheyenne sind sowohl das Christentum als auch der Islam dem Land fremde Religionen, und es überrascht sie nicht im Geringsten, dass deren Anhänger mit ihrer Umwelt in einer Art und Weise umgehen, die man als gegenüber der Natur indifferent und schlimmstenfalls als die Natur missbrauchend ansehen muss. Die Sioux, Apache und Cheyenne leiden unter dem Nachteil, dass sie auf ihrem eigenen Kontinent zu einer Minderheit wurden; die Afrikaner jedoch, Lob sei den *orishas*, gleich ob im christlichen oder islamischen Gewand, haben Jahrhunderte der Dezimierung durch die Sklaventreiber und ihre Abkömmlinge überlebt und fahren fort, ihr Land neu zu bevölkern. Ihre Spiritualität findet immer noch ihren genuinen Ausdruck – selbst da, wo sie sich jenen Religionen anpasst, mit denen ihrer Geschichte der Entfremdung begann, wie auch innerhalb dieser Religionen selbst.[23]

Diese Analogie sollte uns bei der Klärung einer wichtigen Frage behilflich sein: warum für die ureigene Sensibilität der authochtonen Völker des afrikanischen Kontinents das Beharren auf einer Ausnahmestellung nicht nur vermessen sondern geradezu gotteslästerlich ist –

---

[23] Soyinka spielt hier auf die synkretistische Entwicklung von Katholizismus und Protestantismus auf dem afrikanischen Kontinent an.

wenn die Argumentatoren sich der Religion bedienen, das heißt der Behauptung dieser oder jener Religion, ihre Anhänger hätten dem Kontinent einen spirituellen Wert vermittelt, der dem Volke »einheimischer« vorkomme als der von der Konkurrenz aufgezwungene. Beide Religionen fielen auf dem afrikanischen Kontinent ein und vernichteten die organischen Glaubenssysteme, die vor ihrem Einfall existierten, das heißt Religionen, die älter und in vielerlei Hinsicht humaner als die tatsächlichen Lehrsätze der einfallenden Religionen waren. Die eurochristlichen Eroberungsheere, die den Missionaren und den frühen Abenteurern auf dem Fuße folgten, plünderten und brandschatzten alte afrikanische Zivilisationen, verbrannten und zerstörten unschätzbar wertvolle Schnitzereien, weil diese in ihrer Sicht nichts anderes als Manifestationen von Götzendienst und Satanismus waren. Die Bekehrung zum Christentum erfolgte, zugegebenermaßen, manchmal durch Überredung, weit häufiger aber wurde sie erzwungen – durch militärische Eroberung, Terror oder Versklavung und strafende (wirtschaftliche) Kontrollen. Eine Religion, die die Menschheit in die »Geretteten« einerseits und die »Verdammten« andererseits aufspaltete – wobei die Letzteren als gerade gut genug für die Massendeportation als Lasttiere in weit entfernte Länder angesehen wurden –, eine solche Religion kann nur schwerlich als grundsätzlich vereinbar mit jenen Menschen, denen eine solche Wahl aufgezwungen wurde, betrachtet werden.

War die arabisch-islamische Leistung auf dem afrikanischen Kontinent besser? Georges Hardys Kommentar zu ihrem bilderstürmerischen Wüten resümiert diese Leistung unparteiisch: »Der Islam begann das Werk der Zerstörung. Doch Europa leistete bessere Arbeit«.[24] Das

---

[24] Georges Hardy, L'Art Nègre, Paris: Edition H. Laurens, 1927 (W. S.)

Schicksal, das die Künste ereilte, war das gleiche wie jenes, das der gesamten Gesellschaft zugefügt wurde. Von der Westküste bis in das südliche Afrika ist die Geschichte die gleiche: Bekehrungen zum Ruhme einer gleichermaßen fremden Gottheit. Nichts, was die islamischen Invasoren vorfanden, war ihnen heilig; alles war profan außer dem Schwert und dem Buch Allahs. Sie – die islamischen Araber – setzten die Präzedenzfälle für spätere Invasoren, indem sie die Bekehrten zwangen, ihre einheimischen Namen aufzugeben – Namen, die bis dahin ihre Herkunft erzählt und den Menschen ihre individuelle und historische Identität verliehen hatten. Sie begannen auf dem afrikanischen Kontinent die Sklavenjagden für die arabischen Sklavenmärkte. Die Routen der Sklavenkarawanen begannen in den zentralen und östlichen Kernländern des Kontinents, erstreckten sich durch das nördliche Afrika nach Saudi-Arabien, oder gingen mit den Sklaven-Daus, den arabischen Segelschiffen, von Madagaskar und Dar Es Salaam über das Meer nach Jemen, Quatar und anderswo. Noch heute kann man in vielen arabischen Staaten Ghettos finden, die gänzlich von den Abkömmlingen dieser Sklaven bewohnt werden.

Auf diesem Gebiet gibt es also keinen Grund dafür, irgendeinen Ablass zu gewähren, der auf dem Argument religiöser Übereinstimmung, tatsächlicher oder eingebildeter, gründen könnte. Dagegen halten wir fest: Das Afrika, für das hier Wiedergutmachung gefordert wird, ist jenes Afrika, das unter der göttlichen Autorität der Götter des Islam und des Christentums, ihrer irdischen Vertreter und ihrer kommerziellen Sturmtruppen versklavt wurde.

Als nächstes die These vom »relativen Humanismus«. Wir kommen damit auch auf eine Beschönigung, die von einigen unserer eigenen afrikanischen und afro-amerikanischen Wissenschaftler heftig vertreten wird, wenn sie uns glauben machen wollen, dass die Lebensumstände der Sklaven unter den arabischen Sklavenbesitzern wesentlich humaner gewesen wären als unter den europäisch-amerikanischen. Hier und da ließe sich das vielleicht sogar nachweisen. Vermutlich würde eine diesbezügliche Untersuchung aber nur diejenigen einbeziehen, die die Trans-Sahara-Route überlebt haben; ich kann mir nicht denken, dass das Beweismaterial in Form der Felszeichnungen von Sklaven entlang der Karawanenroute, während sie einen langsamen Verdurstungstod starben oder die Prügelstrafe erlitten, dies beweisen würde, und wohl ebenso wenig die eher »klinischen« Berichte über verlustig gegangene Sklaven der Zwischenhändler. Und ich nehme an, dass die Franzosen ganz sicher eine solche These auch anzweifeln würden – jedenfalls, was die weiblichen Sklaven angeht. Für die Franzosen war die Sklaverei durchaus in Ordnung, doch auf dem Feld der exotischen Libido und ihrer gesellschaftlichen Verbreitung kann es – jedenfalls für die damalige Zeit – keinen Zweifel daran geben, dass die schwarze Frau in jeder Beziehung der weißen Konkurrentin ebenbürtig, ja überlegen war. Die *Signares* im Senegal, die Maitressen der französischen Sklavenhändler, läuteten eine Tradition sozialer Akzeptanz ein, die sogar ins französische Gesetzbuch geschrieben wurde, denn nicht nur wurden die *café au lait*-Produkte[25] durch die Gesetze geschützt, sondern dem Sklaven-Partner in solch einer Liaison wurden zudem bis dahin unbekannte Rechte garantiert. Aus der Sicht der *Signares* wäre jede Behauptung anderer Versklavungskulturen, ihr Humanismus sei »größer« als der, den sie unter den Franzosen genossen, einfach lachhaft gewesen. Gleichheit im Bett,

---

[25] Im Französischen werden Mischlinge als »Milch-Kaffee« bezeichnet.

verstärkt noch durch offen zur Schau getragenes privates Glück, soziale Akzeptanz und das französische Gesetz – was mehr konnte sich ein Sklave eigentlich wünschen?

Doch lassen wir die These vom komparativen Humanismus noch einmal stehen. Mir will es als anmaßend erscheinen, dem Praktiker eines entmenschlichenden Handels durch das Abwägen unterschiedlicher Grade der Misshandlung irgendeine Form der Absolution zu erteilen. Wie dem auch sei, wir können dieses Argument ja den fähigen Händen der verschiedenen revisionistischen Schulen der Kliometrik[26] überlassen – Fogel und Kumpanen. Und um diese trüben Gewässer noch ein wenig mehr aufzurühren: Hat der jüngste Zeugnisgeber, Keith Richburg, nicht gerade ein starkes Plädoyer für die entgegengesetzte These geliefert? Derart groß ist der Segen, den er in der Deportation seiner Vorfahren aus Afrika und in ihrem Glück, für die amerikanische Erde ausgewählt worden zu sein, sieht, dass er in seinem Buch »Out of America« gerade noch vor einem Vorschlag haltmacht: dem nämlich, Thanksgiving, das in den Familien gefeierte amerikanische Erntedankfest, auf jenen Tag zu verlegen, an dem der afrikanische Sklave – hoffentlich sein eigener direkter Vorfahre – das erste Mal den Fuß auf amerikanischen Boden setzte.

Dies ist natürlich nur eine der vielen Waffen in jenem Arsenal, das – direkt oder indirekt – im Kampf gegen die Wiedergutmachungsforderung eingesetzt wird. So verbogen wir Mr. Richburgs Schlussfolgerungen auch einschätzen mögen – als gültiges Korrektiv müssen wir jedoch sein Bemühen ansehen, unsere Aufmerksamkeit auf den Häufungseffekt des gegenwärtigen sozialen Missmanagements auf dem Kontinent zu lenken: wahrhaft ein Katalog der Desaster, die ihren Ursprung der

---

[26] Die Muse Geschichte.

verbrecherischen Art von Menschen verdanken und so jener Position Überzeugungskraft verleihen, nach der die Bewegung zur Wiedergutmachung unhaltbar ist, weil sie auf dem Kontinent Afrika selbst – unverdient geworden ist! Ich muss schon bekennen, dass Keith Richburgs verächtliches Abtun der Verfechter von Reparationen eine Haltung ist, für die ich mehr als nur ein bisschen Sympathie hege – in seinem Buch geht er auf Reparationen nur am Rande ein, doch sein Buch beinhaltet eine kraftvolle Kritik, die nicht einfach ignoriert werden kann. Denn wenn wir einerseits darauf bestehen, dass Reparationen zumindest eine nützliche Kritik des eurozentrischen Historizismus sind, dann können wir ehrlicherweise auch nicht jene Ansicht übergehen, dass diese Forderung auch als eine Kritik des afrikanischen Historizismus dient. Hier handelt es sich nun keineswegs um eine abstrakte Angelegenheit, sondern vielmehr eine ganz gegenwärtige, anklagende Realität. Und deshalb kann zumindest ich Herrn Richburg nur meinen Dank aussprechen für seine brandmarkende Anklage nicht nur gegen einen Kontinent, der seine Menschlichkeit aufgegeben hat, sondern auch gegen seine eigenen Landsleute, für ein Verhalten, das den Erben der Sklavenhändler Legitimität verleiht und derart eine wahrheitsgetreue Wahrnehmung unserer entstehenden Geschichte verdunkelt. Möge die folgende Passage als eine Zusammenfassung unserer Bitterkeit und Frustration über die Gedankenlosigkeit unserer amerikanischen Verwandten dienen – Mr. Richburg schildert hier die allzu bekannte Szene unkritischer Heldenverehrung, die zu einem Markenzeichen schwarzamerikanischer Führungspersönlichkeiten geworden ist, wann immer es zu einem Zusammentreffen zwischen ihnen und dem Führungsabschaum des afrikanischen Kontinents kommt:

»Als Strasser[27] die Halle betrat, wobei er seine zum Markenzeichen gewordene Sonnenbrille und seine Tarnuniform trug, brach die Menge der mehrheitlich ober- und mittelschichtigen männlichen schwarzen Amerikaner in laute Hochrufe aus, die Frauen fielen in Ohnmacht; es gab lautes Gejohle und rasenden Applaus. Wenn man in dieser Halle saß, hätte man glauben mögen, Strasser sei ein Popstar und nicht nur ein mieser kleiner Diktator.

Diese Amerikaner waren offensichtlich mehr von Strassers Macho-Image beeindruckt als der Tatsache, dass er all das repräsentiert, was in Afrika falsch läuft – verbrecherische Militärs, die die Macht an sich reißen und die stolpernden Bemühungen des Kontinents um Demokratie torpedieren. Die Lobgesänge und das Gejohle waren eine ekelerregende Darbietung, und für mich beleuchteten sie taghell die völlige Ignoranz der sogenannten schwarzen Elite Amerikas in Bezug auf Afrika.«

Und was ist übrigens aus diesem Liebling der Massen geworden?

Gedächtnis: Konflikt und Heilung

Ein Volk, das sein Gedächtnis nicht bewahrt, ist ein Volk, das seine Geschichte verwirkt hat – das ist das Resumé der Aussagen von Elie Wiesel und Danielle Mitterand zu unserem Thema. Es ist deshalb in höchstem Maße angebracht, dass die UNESCO sich der Bewahrung der Sklavenroute widmet, dass sie eine wissenschaftliche Arbeitsgruppe eingerichtet hat, um die Marksteine der Sklavenroute zu dokumentieren, zu bewahren und für die Nachwelt zugänglich zu machen. Dies stellt bereits einen Akt der Wiedergutmachung an sich dar, ob be-

---

[27] Gemeint ist der kurzzeitige jugendliche Militärputschist im westafrikanischen Staat Sierra Leone.

wusst oder nicht – Wiedergutmachung bleibt schließlich Wiedergutmachung, unter welchem Namen auch immer! Doch bereits lange bevor dieses Vorhaben in Angriff genommen wurde, unternahmen Afroamerikaner Pilgerreisen zu der vor Senegals Hauptstadt gelegenen kleinen Insel Gorée, besuchten die Forts und Sklavendenkmale von Accra, Cape Coast (Ghana), Dar Es Salaam und Zansibar (in Tansania), liefen durch die unterirdischen Gänge und Verliese, die ihre Vorfahren gebückt beschritten und wo sie sich verzweifelt gefragt hatten, welche Götter zu besänftigen sie denn unterlassen hatten, dass sie derartige Strafen auf ihre Häupter lenkten. Ich habe selbst an solchen Erinnerungstouren teilgenommen, denn dies alles ist ebenso sehr Teil der Geschichte von uns Daheimgebliebenen, Teil unseres kollektiven Traumas, wie derer, die mit Gewalt weggeschafft wurden. Aber ist das alles, was es bedeuten kann, bedeuten sollte? Die Beschwörung eines mehrere Jahrhunderte zurück liegenden Traumas, das Eintauchen in eine anklagende und mit Schuld beladene Geschichte?

Jedes Wahrzeichen ist ein Zeugnis der Geschichte, und in unserer unauslöschlichen Erfahrung ist jedes Fort und jede Befestigungsanlage – von Gorée über die Sklavenforts Ghanas bis nach Sansibar –, die nach und nach in Museen umgewandelt werden, mit düsteren Erinnerungen an diese Epoche unserer Geschichte angefüllt. Diese materiellen Zeugnisse sind Zeichen der Wahrheit, geronnene Realität, die allen Völkern, wie verarmt sie materiell auch sein mögen, einen Wert an sich bieten, einen Wert der – vor allem dann, wenn er in Schmerz und Opfer gründet – möglicherweise eine Entschlossenheit zur Wiederherstellung der eigenen Würde und zur Entwicklung von Strategien für eine soziale Regeneration zwingend vermitteln kann. Ein Handeln, das die sich aus dieser Wahrheit ergebenden Lektionen und sittlichen

Verpflichtungen aus demagogischen oder anderen opportunistischen Gründen auch nur im Geringsten verunglimpft, stellt eine Besudelung der Quelle eines Volkes dar, und ein solches Handeln eröffnet nur eine neue Runde äußerer Kontrolle über das Erbe eines Volkes. Diese letztere Anmerkung soll hier als die Wiederholung einer Warnung eingefügt sein, ausgelöst durch die demagogische und ganz offensichtlich einflussreiche (bereits früher erwähnte) schwarze nationalistische Schule des Revisionismus in den Vereinigten Staaten; diese hat versucht, die Verantwortung für unsere Epoche des Sklavendaseins philisterhaft im Lager allein einer bestimmten rassischen Gruppe anzusiedeln – der jüdischen –, durch eine einmalige Leistung von Geschichtsklitterung, Auslassung und Manipulation! Es ist nicht zu leugnen, dass es innerhalb dieser so genehmen Sündenbock-Gruppe – und welche rassische Gruppe war eigentlich auf irgendeiner kommerziellen oder Besitzerebene nicht an diesem entwürdigenden Handel beteiligt? – auch Individuen gab, die in der Tat Sklaven besaßen und mit ihnen handelten. Die aber, die anti-semitische Ziele verfolgen, sollten zumindest die Autorität unserer gemeinsamen Geschichte nicht entweihen und nicht zugunsten ihres Privatkriegs der Verfälschung einer beweisbaren Wirklichkeit nachgehen. Wir sind uns ja noch nicht einmal bezüglich der Realisierbarkeit des Wiedergutmachungsvorhabens einig, und schon sehen wir uns hier einer Tendenz gegenüber, die fest entschlossen ist, das historische Erbe von Millionen in völlig sinnlose Sackgassen rassischer oder politischer Animositäten und Bündnissen umzulenken. Als Humanist bin ich die meiste Zeit meines Erwachsenenlebens damit beschäftigt gewesen, mich allen Hindernissen, die eigene Identität zurück zu erlangen, zu widersetzen. Und die Wiedererlangung dieser Identität ist vor allem auf eine wahrheitsgetreue, jedoch kritische Annahme unserer Vergangenheit gerichtet, weshalb ich diese Spiele ganz einfach als eine Beleidigung der rassischen Intelligenz empfinde und als verächtlich gegenüber jenem Teil der Menschheit, der sich solcher Intelligenz bedient. Wir können es uns einfach nicht leisten, die tagtägliche Wirklichkeit der brutalen Konflikte auf unserem Kontinent zu ignorieren – von denen einige derart rassisch bestimmt sind wie der zwischen Senegal und Mauretanien zu Beginn der neunziger Jahre,[28] und noch mehr so der dauernde Konflikt im Sudan – hier handelt es sich um einen Konflikt, der nicht nur mehr als drei Jahrzehnte des Schlachtens zur Folge gehabt hat, sondern zugleich alle denkbaren Folgen dauerhaften sozialen Zerfalls zeitigt. Die überlieferte Kultur des Sudan ist heute so gefährdet wie nie zuvor! Ist dies von irgendeiner Bedeutung? Haben wir die Pflicht, besorgt zu sein? Oder uns bedroht zu fühlen? Schweifen wir einmal kurz ab und besehen wir uns die allgemeinen Implikationen für den Rest des Kontinents.

Im Einklang – welch tragisches Oxymoron – im Einklang also mit anderen Faktoren, die zu Afrikas augenscheinlichem Schicksal der Instabilität beitragen wie etwa der Last der kolonialen Grenzen, gibt es genau dieses Problem des internen kulturellen Bewahrens und des Strebens nach Wiederversöhnung mit der Vergangenheit. Damit meine ich ganz einfach Folgendes: Nehmen wir einmal an, wir könnten gleichsam in einem großen Sprung über die zahlreichen Einbrüche der miteinander konkurrierenden Kräfte der Uneinigkeit in der Zeit rückwärts springen – gleich, ob es sich um die spaltenden Kräfte des Westens oder des Orients und all ihre eigenen gegenseitig destruktiven Schismen und Zerstückelungen

---

[28] Damals kam es nach der Ermordung von Schwarzafrikanern im »weißen« (arabischen) Mauretanien zur völligen Vertreibung der mauretanischen Bevölkerung aus dem Senegal.

handelt; wenn wir also gleichsam hinter diese zurückspringen könnten und in die Lage versetzt würden, einen Grad an früherem Wissen über uns selbst zurück zu gewinnen, dann könnten wir religiös-kulturelle Eingriffe möglicherweise als nichts weiter denn als störende Illusionen begreifen, deren Verzweigungen die Zukunft zu ihrer Geisel machen. Und überhaupt, wie real und wie wirksam waren denn einige dieser Eingriffe? Hiermit soll natürlich nicht angedeutet werden, dass wir ihre Schäden nun ein für alle Mal wegwischen wollen – dies auf keinen Fall. Man legt die Schuppen der Jahrhunderte nicht so einfach ab wie eine Schlange ihre Winter- oder Harmattan-Haut ablegt.[29] Unser Vorschlag ist nur der des Bewahrens oder, um auf unseren Ausgangsterminus zurückzukommen, des Erinnerns. Das heißt: die Notwendigkeit, die materiellen und spirituellen Inhalte, mit denen das Erinnern ausgestattet ist, zu bewahren. Die Annahme seiner Last und seiner Siege, oder – besser noch – seiner Wirklichkeit, die simple Tatsache seiner früheren Existenz und Gültigkeit zu seiner Zeit. Das anzunehmen heißt, auch die Irrationalität gegenseitiger Destruktivität anzuerkennen, aus welchen Werten heraus auch immer und wie verführerisch diese sein mögen – kulturell, ideologisch, religiös oder rassisch legitimiert –, die jene vielfältigen früheren Werte – welcher Art auch immer – verdeckten oder aushöhlten, aus denen unser Sein einmal seine Definition ableitete.

Dies bleiben, jedenfalls für uns, die Warnungen und Lektionen aus dem Konflikt im Sudan. In unserer heutigen Zeit wird dort noch immer andauernd eine Kultur vergewaltigt, so als ob Afrika sich zu den Schlachtfeldern des 13. und 14. Jahrhunderts zurückentwickelt hätte. Es hat in anderen Teilen des Kontinents weitere, weniger bekannt gewordene, doch keineswegs minder blutige

---

[29] Harmattan: heißer, aus der Sahara ins westliche Afrika wehender Wind.

rassische- und/oder religiös inspirierte Konflikte gegeben. Wir können uns nicht ernsthaft mit diesen ernüchternden Eruptionen eines Kontinents beschäftigen, ohne auf die im Raum stehenden Fragen der Geschichte zurück zu greifen und ohne nach den verdeckten oder offenen Absichten derjenigen zu forschen, deren Verzerrungen der Geschichte eine ordentliche Einschätzung dieser Geschichte durch den Rest der Welt verhindern, und dies vor allem bei ihren eigenen Leuten, ihren gefangen gehaltenen, beeindruckbaren Zuhörerschaften, wobei sie sich auch noch leicht sichtbare, identifizierbare Ziele für ihre kategorisch vorgetragenen Thesen oder ihr Streben nach populistischer Autorität aussuchen. Ob man es nun mag oder nicht, ob es denen, die sich in der Sicherheit der akademischen Welt gemütlich eingerichtet haben, nun als »unpräzise« oder »spekulativ« erscheinen mag, die Erinnerung an die Beziehungen der Sklaverei und das Erbe dieser Beziehungen bilden den Kern einer Anzahl heutiger Konflikte, und bis zur endgültigen Durchsetzung der Wahrheit und der Erfüllung der Gebote, die sich aus ihrer Anerkennung ergeben, bleibt die Aussicht auf Versöhnung eine Schimäre. Entgegen den Geschichtsidealisten, für die Geschichte ein unpersönliches Totem ist, eine utopische Projektion, in die Zukunft geschleudert von der nicht aufzuhaltenden Kraft eines abstrahierten, äußeren Willens und entgegen der – uns heute näheren – materialistischen (marxistischen) Umkehr dieser Sicht, die bei der Wiedereinführung der menschlichen Komponente in die Geschichte das Menschliche um keinen Deut weniger reduziert, weil sie es ja allein ihrer eigenen utopischen Vision untertan macht, bestehen wir darauf, dass Ziel und Zweck der Geschichte der Mensch an sich und für sich selbst ist, ganz so wie der schwarzamerikanische Philosoph und Schriftsteller W. E. B. Du Bois dies bekräftigt hat:

»Es ist nur allzu leicht, uns in Details zu verlieren, wenn wir uns bemühen, die wirkliche Lage einer Masse menschlicher Wesen zu erfassen und zu begreifen. Dabei vergessen wir häufig, dass jedes menschliche Einzelwesen in dieser Masse eine pulsierende menschliche Seele ist ... Sie liebt und hasst, sie arbeitet im Schweiße ihres Angesichts, sie lacht und sie weint bittere Tränen, und sie schaut in unsicherer und furchterfüllter Sehnsucht auf den finsteren Horizont ihres Lebens ...«[30]

Es wäre nun übertrieben zu behaupten, dass ich mich an diese Worte erinnerte, als ich das erste Mal an jenem Strand von Ouidah stand, von dem aus die Sklaven auf die Sklavenroute verschifft wurden, doch an diesem Ort hallten in meinem Kopf ohne Zweifel Echos wider, Echos der unzähligen Erinnerungen an diese höchst elementare Wahrheit der *condition humaine*, eine Wahrheit, die den Luxus oder gar die Arroganz abstrakter Spiele bei der Suche nach einer humanen Ordnung nicht erlaubt. Von allen Stätten der Sklaverei, die ich je besucht habe, konnte keine, keine einzige, nicht einmal die finsteren Tunnel von Gorée oder Cape Coast, die von immer noch widerhallenden Fußsohlen auf dem Weg in die Hölle ausgetreten worden waren, mithalten mit dem unheimlichen Mahnmal des Marsches der Sklaven zu jenem Verladeplatz an der Küste von Ouidah in der Republik Benin, damals bekannt als das Königreich von Dahomey. Zutiefst fühlte ich die Unangemessenheit von Worten, als ich niederzuschreiben versuchte, was eindeutig das kollektive Wieder-Erleben dieses Tages war; doch fraglos strebt das nach diesem Erlebnis Niedergeschriebene an, eine getreue Wiedergabe dieser Erfahrung zu sein:

---

[30] W. E. B. Du Bois, »The Souls of Black Folks«, in »Three Negro Classics«, ed. John Hope Franklin. (Avon Books, 1992)

»Wir beschritten genau den Weg, den die Sklaven auf ihrem Weg zur Verschiffung genommen hatten, standen an jenem Platz, von dem sie einen letzten Blick auf ihr Heimatland warfen, über jenes Gelände, auf dem Tausende von Schwachen und Kranken, die nur Handelshindernisse darstellten, abgeschlachtet und verscharrt worden waren. Wir standen auch am ›Selbstmord-Platz‹, an dem Hunderte ihre Fesseln zerrissen und sich in einen freundlicheren Tod gestürzt hatten, anstatt sich in das zu begeben, womit ihnen das Unbekannte in ihrer Vorstellung drohte. Wir besuchten Sklaven-Museen, kamen vorbei am Haus der Nachfahren eines berüchtigten Sklavenhändlers, eines Portugiesen, der sich in einer polygamen Existenz eingerichtet und zahlreiche Mulatten gezeugt hatte. Wir ließen unsere Finger über uralte Kanonen, metallene Fesseln für Sklaven und andere Folterinstrumente gleiten, schritten über Fliesen, die von den Stiefeln der Sklavenbesitzer und den nackten Füßen der Sklaven dünn getreten worden waren.

Im Museum gab es Originalzeichnungen und Aquarelle von Sklaven-Bazaren, königlichen Zeremonien, bei denen Sklaven rituell enthauptet wurden, und Freiluftempfängen für die Offiziere der Handelsschiffe, Sklavenjagden und tränenreichen Szenen der Einschiffung, aus denen die Künstler, sie alle Europäer, das höchstmögliche Pathos zu ziehen versucht hatten ...

Keine Erfahrung aber konnte es aufnehmen mit der des langen Marsches durch Mangroven- und Palmenwäldchen, mit Weilern aus Hütten und Palmen umstandenen Gehöften in unverfälschtem Zustand, entlang des einzigen sicheren Weges, der zwischen trügerischen Meerestümpeln und Mangrovensümpfen hindurch führte. Als hätten wir uns schweigend abgesprochen, atmeten wir ganz sacht, so als fürchteten wir, die schläfrige Luft zu stören, die anscheinend über Jahrhunderte hinweg ungestört auf der Erde gelagert hatte ... Und so ging es den ganzen Weg bis hin zum Platz der Einschiffung und dem Ort ohne Wiederkehr.

Diejenigen, die die Bedeutung des Wortes Pilgerschaft allein aus dem Wörterbuch kannten, erlebten an diesem Morgen die tiefe Bedeutung dieses Wortes. Es war ernüchternd, nachdenklich machend, und paradoxerweise bar aller Gefühle des Hasses, der Rache, ja nicht einmal der Anklage. Da war allein ein stummes Residuum von Geschichte als fühlbare Realität, als Wahrheit.«[31]

Nun es ist durchaus vorstellbar, dass das schiere Ausmaß mancher Untaten eine solche Qualität besitzt, dass es die Gefühle an Rache, ja selbst an Wiedergutmachung – in welcher Form auch immer – transzendiert. Es ist eine derart kriminell-kritische Masse, dass durch sie die Untaten und die Leiden auf eine gänzlich andere Ebene des Empfindens gehoben und umgewandelt werden, so dass man hieraus allein noch ein Gefühl des Friedens ableiten kann, einen Raum der Wahrheit erreicht, der alle anderen Gefühle Ehrfurcht gebietend überwältigt und die moralische Dimension des Menschen läutert. Hier handelt es sich keineswegs um eine Kapitulation vor dem Bösen, nicht um ein Entschuldigen der Übeltaten; das sich so einstellende Gefühl ist vielleicht eher verwandt mit dem der Linderung, wie es einen nach einer Naturkatastrophe überkommt, selbst wenn diese menschengemacht ist. Es setzt die Gefühle von Schmerz und Hoffnungslosigkeit außer Kraft, lässt Wutgefühle sich auflösen, durchdringt einen mit einem Gefühl der Reinigung und ist das Nachspiel einer wahrhaft tragischen Erfahrung.

---

[31] »The Fictioning of Africa«, unveröffentlichter Brief (W. S.).

... und was für ein Menschheitszustand ist das überhaupt – Sklave?

Ist dies jedoch die gesammelte Darstellung einer solchen Erfahrung, das Eintauchen in ein kollektives – und beruhigendes – Trauma? Könnte dies bereits die Gesamtheit des Vermächtnisses bei der Bewahrung und dem Lebendigmachen der Erinnerung sein? Als der französische Schriftsteller Jean Genet einst eingeladen wurde, ein Stück für schwarze Schauspieler zu schreiben, eine Herausforderung, die in dem Stück »Die Schwarzen« resultierte, antwortete er mit der Frage: »Doch was ist schwarz? Und welche Farbe ist dies denn überhaupt?« Ich glaube, auf jenem Grabhügel hingemetzelter Sklaven, hinabgezogen in ihre mit dem Geist ihrer Vorfahren erfüllten Ruhestätten, muss sich in meinem Geist eine verwandte Frage geregt haben: »Doch was ist Sklave? Und welche Art von Mensch ist dies denn überhaupt?«

Von Wiedergutmachung zu reden, so haben wir bereits nachdrücklich betont, heißt sich der Frage stellen: »In wessen Namen?« Und das scheint eine sinnlose Frage zu sein, denn die Antwort lautet: »Im Namen der Versklavten«. Doch was ist *Sklave*? Und welche Art von Mensch ist das überhaupt? Was genau ist seine Ontologie? Ein solches Fragen führt uns unweigerlich zu einem nahezu möderischen Disput mit allen Feinheiten des Unterschieds – wir hatten ja bereits vorher jene soziologische These erwähnt, wonach Sklaverei unter einer bestimmten politischen Ordnung – der arabischen oder der europäischen – der Sklaverei unter der anderen vorzuziehen sei. Unsere Abwandlung von Genets Frage aber bedeutet ganz einfach, dass es sich hier um eine Situation handelt, die unteilbar ist – abgesehen natürlich von den soziologischen Feinheiten: der Haus-Nigger gegen den

Feld-Nigger usw. – die Tatsache aber bleibt, dass die Ontologie von *Sklave* (so wie die von Wasser, Licht, Liebhaber, Lehrer usw.) unumstößlich ist, wenn auch von zehn bis tausend Unterscheidungen betroffen. Wenn wir diesen unumstößlichen Faktor, wie auch immer, definieren, sehen wir uns mit einer unbequemen Entdeckung konfrontiert, dann nämlich wenn wir uns der Identifizierung des fortwährenden Daseins als *Sklaven* auch in der heutigen Welt nähern; und ich beziehe mich hier nun nicht auf das Überleben von Sklavenmärkten in einigen Teilen der Welt, auch wenn sie von den Vereinten Nationen als ungesetzlich verboten worden sind. Ich beziehe mich auf die Bedingung – *Sklave* –, die Antwort auf die Frage: »Welche Art Mensch ist denn Sklave überhaupt?« Die Antwort auf diese Frage lautet: Verweigerung.

Was aber heißt Verweigerung von Menschsein? Bei der Beantwortung dieser Frage können wir glücklicherweise eine Kontroverse vermeiden, indem wir ganz einfach anschauliche Gewissheiten zitieren. Wollen wir etwa in Frage stellen, dass das Südafrika der Apartheid auf überwältigende Weise einer Verweigerung des Menschseins für die schwarzen Bewohner Südafrikas gleichkam? *Sklave* bedeutet eine Verweigerung der Freiheit des Handelns, der Freiheit der Wahl, Leibeigenschaft, sei es des Körpers oder des menschlichen Willens. Wir wissen, dass bestimmte Ausdrücke heute zu Recht als Opfer von Abwertung gesehen werden, die ein Wort durch Missbrauch kraftlos macht: *Sklave* ist ein Hauptkandidat für diese Krankheit und dies vor allem innerhalb von Gesellschaften, die an einer weiteren Krankheit leiden, der sogenannten *political correctness*. Und dennoch gibt es eine psychologische Verstümmelung des menschlichen Wesens, die kein anderes Wort einzufangen fähig scheint. Greifbar gemacht wird es in der physischen Verstümmelung, die in bestimmten Gesellschaften wie etwa in Indien praktiziert wird – die Verstümmelung von Kindern, um sie zu Bettlern zu machen – ein verachtenswerte, grenzüberschreitende Industrie, die inzwischen die Aufmerksamkeit von Menschenrechtsorganisationen auf sich zieht. Und wir können natürlich kaum die Wirklichkeit einer weiteren Sklavenindustrie leugnen – die der Sex-Sklaven.

Und doch gibt es eben Haus-Sklaven und Feld-Sklaven, und es gibt Sklaven in vergoldeten Käfigen; und die Welt weiß von anderen, die am Strick hängen, am Magnolienbaum verrotten. Es gibt Sklaven als Deckhengste und Sklaven als Opfer von Kastration. Es gibt verheiratete Sklaven und solche, die allein als Zuchtsklaven dienen. Und es gibt vertrauenswürdige Treuhänder-Sklaven, Hüter der Börse ihrer Herrn, Handelsvertreter, die in Geschäften ihres Herren weite Strecken reisen und zurückkehren, um pflichtgetreu Rechenschaft abzulegen. Und dann gibt es die So-gut-wie-Ehefrauen, die *Signares* des Senegal, deren Status kein Geringerer als der der Herrin des Hauses war. Wir haben Sklaven gekannt, die nach der Freisetzung nach dem Reich ihrer vormaligen Herren strebten und es auch erbten, und dann manchmal selbst Sklaven erwarben. Doch nie waren sie die Herren ihrer eigenen Existenz, noch haben sie je ihr eigenes Schicksal bestimmt. Um jenen eingepflanzten Geist zu vertreiben, der aus ihrem unsichtbaren Selbst Bucklige macht, müssen sie zunächst ihr Schicksal packen und verändern. Die Anführer der großen Sklavenrevolten haben dies begriffen. Doch wie dem auch sei, sie alle *kennen* das Sklavendasein, sind durch dieses Dasein definiert worden; das Bewusstsein von ihrem Sklavendasein ist in das Reservoir ihrer Selbsterfahrung eingedrungen, und es müssen Jahre darauf verwendet werden, um diesen Teil ihres Wesens auszutreiben. Ein jeder von ihnen und sie alle, von Booker T.

Washington bis zum neu bekleideten Sklaven-Sultan oder dem erlösten Sklaven, der bis in den hohen Rang eines Erzbischofs aufstieg, sie alle müssen auf diese eine Frage – worin besteht das Menschsein des Sklaven? – antworten: Leugnung seines Menschseins! Zwischen dem verwöhnten Ariel mit allen ihm eigenen magischen Kräften und dem groben Caliban gibt es allein einen Unterschied im Geschmack – letztendlich nämlich bleiben beide Sklaven Prosperos, und Afrika bleibt gefangen in den albtraumhaften Phantasien von Shakespeares »Sturm«.

Dies anerkannt: Kann das Vorhaben der Aussöhnung dann noch Wurzeln schlagen? Natürlich spreche ich nicht vom heutigen Südafrika, das ja die Ketten der Sklaverei abgeworfen hat, sondern vom Rest des versklavten Kontinents und seiner Stafette von Sklavenhaltern. Kaum ist einer gefallen, nimmt bereits ein anderer, überzeugt, er beherrsche die Kunst der Unverwundbarkeit, seinen Platz ein. Und dies ist es, was der Kampagne für Wiedergutmachung der Sklaverei solchen Schaden zufügt. Es war vielleicht ein Zufall, aber tatsächlich auch insgesamt symbolisch, dass der Mann, der am Ausgangspunkt dieser Kampagne stand, Chief Moshood Abiola, der gewählte Präsident Nigerias, in dem Moment, als diese Zeilen geschrieben wurden, selbst von einem aus der neuen Brut der Sklavenhändler versklavt wurde, einem der sich der Macht über den am stärksten bevölkerten, vielversprechendsten Sklavenmarkt, den Afrika je gekannt hat – Nigeria –, brüstete.

Vertreter dieses Sklavenherren Sanni Abacha aber bereisten die Welt mit allem Komfort – jedenfalls zu den Orten, wo man sie noch empfing –, und dabei gaben sie sich aus als »Männer unabhängigen Handelns, ja eigenständiger Überzeugungen« – doch was sind sie wirklich? Ins 21. Jahrhundert fortlebende Sklaven, die nur die schäbigen Mandate der Lügenhaftigkeit, der Dummheit, der Korruption und des Sadismus großmäulig wahrnehmen. Noch nie hat Straflosigkeit derart frei geherrscht wie in den Jahren der Raserei von Sanni Abachas Diktatur, jenes zwergenhaften Herrn über jene Nation, die die Kampagne zur Wiedergutmachung für die Zeit der Sklaverei vorschlug, und die eine so rühmliche Rolle bei der Beendigung der südafrikanischen Sklaverei der Apartheid spielte!

In dieser Bewegung gegen die Sklaverei gab es noch einen Streiter – sein Name ist Olusegun Obasanjo. Er war es, der zusammen mit dem früheren Premierminister von Neuseeland die Gruppe »Eminenter Persönlichkeiten des Commonwealth« anführte und der zum ersten Mal die Barrieren von Robben Island[32] durchbrach. Lange Zeit wurde Obasanjo von General Sanni Abacha in einem entlegenen Sklavenpferch festgehalten – nach einem Geheimprozess, der – hätte sich der Plantagenbesitzer zu jener Zeit nicht unsicher gefühlt – nur allzu leicht in einem Lynchmord an Obasanjo hätte enden können. Obasanjo erlangte Strafaufschub[33], doch eine bestimmte Gruppe von Sündenböcken aus einer Sklavenrevolte kam nicht in den Genuss eines solchen Strafaufschubs. Sie wurden bekannt als die »Ogoni-Neun«, und unter ihnen war ein Schriftsteller namens Kenule Saro-Wiwa. Das führte zu einer »Lynch-Party«, die noch die blutrünstigsten Eskapaden im tiefsten *Deep South* der USA übertraf. Das Gedächtnis der Welt mag ja kurz sein, doch der Welt sollte nie erlaubt werden, *dies* zu vergessen!

Wahrheit und Versöhnung. Wäre es denn vorstellbar gewesen und eines Tages als voll und ganz ausreichend

---

[32] Der südafrikanischen Gefängnisinsel vor Kapstadt, auf der Nelson Mandela 27 Jahre lang festgehalten wurde.
[33] Er überlebte das Ende der Schreckensherrschaft Abachas und wurde 1999 zum zivilen Präsidenten Nigerias gewählt.

hingenommen worden, wenn dieser Anachronismus eines Sklavenjägers sich auf ein öffentliches Forum geschleppt und – mit dem südafrikanischen Exempel als Vorbild – seine Verbrechen eingestanden hätte – und ihm dann die Absolution erteilt worden wäre? Oder Mobutu Sese Seko? Diese Strategie für einen sozialen Heilungsprozess ist ja, wie wir bereits betont haben, keine, die in einem historischen Vakuum verfolgt wird. Es gibt einen sich stetig weiterentwickelnden Kontext für solche innovativen Tendenzen und es ist ein Kontext, der seine eigene quälende Kritik beinhaltet. Oder versuchen wir es einmal anders zu fassen, und zwar mit einem überzeugenderen Argument: Stellen gewisse Aspekte dieses Verfahrens nicht bereits für sich selbst ein Beflecken der Qualität von Wahrheit und ihrer Gebote dar – und implizieren so schon ein Absegnen der Straflosigkeit? Denn wie sonst soll man ein vorab in Aussicht gestellte Vergebung der Sünden verstehen, wenn die Untersuchung der kriminellen Taten noch nicht einmal abgeschlossen ist? Das Beispiel Südafrikas ist keines, das wir – ohne auch nur die geringste Veränderung – zur Besänftigung der Seelenqualen dieses Kontinents zu empfehlen wagen; und erst recht nicht für die Wiedergutmachung jener Gewalttaten, die immer noch gegen seine Bewohner begangen werden.

Eine bedingte Amnestie

Es ist ganz sicher eine andere soziale Vorbedingung, die die Strategie für – sagen wir – eine Amnestie bezüglich bestimmter Gesetzesübertretungen, die nicht die Last eindeutig kriminellen Verhaltens tragen, begründet. Ich denke hier zum Beispiel an gelegentliche Appelle zur Ablieferung illegal erworbener Waffen innerhalb eines festgelegten Zeitraums. In diesem Falle wird die Amnestie rückwirkend für diese spezifische Gesetzesverletzung gewährt, und bei der Gewährung dieser Amnestie wird vorausgesetzt, dass solche Waffen nie für das Begehen eines Verbrechens verwendet wurden. Ein Beispiel aus jüngster Zeit war die allgemeine Aneignung von Waffen während des Zusammenbruchs nicht nur von Gesetz und Ordnung, sondern der gesamten Gesellschaft in Albanien im Jahr 1997. Hier handelte es sich um eine intensive Phase sozialer Ausnahme, die, solange sie währte, mit der des Staates Somalia am Abgrund seines eigenen Zerfalls konkurrierte. Dann gibt es das Plündern, und was das angeht, kann ich hier ein heiteres, doch faszinierendes und zudem passendes Beispiel liefern, weil unser Thema ja die Sklaverei ist.

Es war im Jahr 1990, da war ich nach Trinidad und Tobago zur dortigen Feier des hundertsten Jahrestages der »Emanzipation« eingeladen worden – das heißt des formalen Endes der Sklaverei. Und Trinidad und Tobago, das Land von »Rum and Coca«, Kricket, Karneval und Calypso musste einfach diese Gelegenheit ergreifen, um einem sehr trendgemäßen post-kolonialen Club beizutreten. Die Sonnenschein-Insel Trinidad zumindest beschloss, sie habe ein Anrecht auf einen Platz in der postmodernen Geschichte, und den nahm sie ein, indem sie ihren ganz eigenen *Coup d'État* inszenierte.

Wie sich herausstellen sollte, hatte ein Haufen schwachköpfiger Abenteurer, die sich unter der Maskerade einer religiösen Bewegung versteckten, mit einigen Mark-IV- und alten Sturmgewehren in einer Art Reservat nach dem Vorbild der *»American Freemen«* trainiert. Schließlich machten sie sich daran, das Parlament während einer Sitzung zu besetzen und die Abgeordneten als Geiseln zu nehmen. Die Radio- und Rundfunkstationen wurden ebenfalls besetzt. Die Versuchung, alle Details dieser frechen Parodie eines Staatsstreichs zu erzählen, ist zu groß, weshalb ich besser gar nicht erst den Versuch unternehme, hiervon ein Resumé zu liefern. Es soll genügen festzustellen, dass ich, da ich aus einem Land komme, in dem wir zum Frühstück, zum Mittag- und Abendessen von einer Diät aus Staatsstreichen leben – und dessen ungeachtet stets noch mit leerem Magen dastehen –, dass ich mich als Bürger eines solchen Landes zutiefst beleidigt fühlte, weil ich mich gefangen sah in einer solch übertriebenen revolutionären Nachäfferei und ihrer Begleitmusik aus analphabetischer Angeberei!

In der ungewissen Atmosphäre, die auf den Putsch folgte, gaben sich einige Trinidadianer einer Plünderungsorgie hin. Die sogenannten »Shopping Centres« (die modernen Supermärkte) wurden größtenteils verschont – weil diese Einkaufspaläste meist außerhalb der Städte liegen, waren nur wenige Trinidadianer willens, sich derart weit von der Sicherheit ihrer Wohnungen wegzubewegen; nein, es waren die Nachbarschaftsläden, in die eingebrochen wurde und die geplündert wurden. Und dies schockierte die Trinidadianer dann am meisten. Einige Kamerateams wagten sich hinaus, und so wurden einige der Plünderer auf Film gebannt. Dies schien sie aber nicht sonderlich zu sorgen – ich nehme an, sie waren der Ansicht, hier handle es sich lediglich um eine andere Form ihres Karnevals. Fernsehgeräte, Stereoanlagen, Kühlschränke wurden abtransportiert – einige schafften es sogar, den einen oder anderen Pkw oder Lieferwagen zu organisieren, um das Unternehmen etwas weniger beschwerlich zu machen. Später wurden einige der ausgeplünderten Geschäftseigentümer interviewt – der Schock in ihren Gesichtern und in ihren Stimmen war höchst ergreifend –, und aus ihren Erzählungen schälte sich die übliche Geschichte heraus: Nicht wenige der Geschäftsleute wussten genau, wer die Plünderer waren; sie hatten seit Generationen mit ihnen als Nachbarn gelebt. Dies aber war nun das Ende der Welt für sie – sie wollten abhauen, wenn diese Geschichte vorüber war. Andere Trinidadianer waren gleichermaßen erbost oder einfach vom Schock benommen. Eine unabhängige Radiostation, die der Übernahme durch die Selbstbedienungsrevolutionäre entkommen war, sendete diese Geschichten des Jammers – der Putsch, so schien es, hatte jenes unbekannte Raubtier freigesetzt, das in der *easygoing* Calypso-Persönlichkeit schlummerte.

Und nun, nach etwa drei oder vier Tagen des Patts – und meiner ganz persönlichen unwürdigen Situation, auf der Insel von einer Bande dilettantischer Kretins festgehalten zu sein – wurde die Polizei des Abwarte-Spiels mit den Geiselnehmern und ihren Geiseln müde und machte sich daran, die Gesellschaft wenigstens vor sich selbst zu retten. Der Polizeichef profitierte von der Existenz des unabhängigen Radiosenders, der der Übernahme durch die Putschisten entkommen war, ging auf Sendung und hielt den Einwohnern eine Gardinenpredigt über ihr übles Verhalten. Wie ein strenger Schulmeister erinnerte er sie daran, dass ein solches Verhalten »un-trinidianisch« sei und warnte sie, dass man dies nicht weiter dulden werde. Dann gab er ihnen allen achtundvierzig Stunden, um das geplünderte Gut zurückzugeben. »Legt einfach eure Beute vor euren Häusern ab«, sagte er, »wird werden dann herumfahren, die geraubten Sachen einsammeln und sie ihren Eigentümern zurück bringen. Fragen werden keine gestellt. Gebt eure Beute zurück, und lasst Trinidad zu sich selbst zurückkehren.«

Nach der Ansprache des Polizeichefs fuhr ich mit einem Freund in der Stadt umher. Ich mochte meinen Augen kaum trauen. Die geraubten Güter waren ordentlich vor den Häusern aufgereiht. In einigen Fällen hatten Plünderer, die sich schämten – und solche schien es in allen sozialen Klassen zu geben –, ihre Nachbarn gebeten, das Zeug doch bitte den rechtmäßigen Besitzern zurückzubringen. Und einige hatten offensichtlich sogar ihre Mittäter kontaktiert und anonyme gemeinsame Rückgabeaktionen organisiert. Schubkarren rollten kreuz und quer durch die Strassen, gefüllt mit Kleidungsstücken, Spielzeug und allen nur erdenklichen Geräten. Rum- und Bierflaschen wurden natürlich nie rückerstattet ... Doch selbst die Geschäftseigentümer hatten ja nicht ernsthaft erwartet, dass solche Gegenstände wieder in ungeleerter Form auf ihren Regalen auftauchen würden. Und schließlich wurde ja wohl auch etwas benötigt, um die Nerven der Menschen in diesen angespannten Tagen der Übernahme einer Nation zu beruhigen.

Das also war Trinidad. Ich habe mich dann mächtig angestrengt, mir das gleiche Szenario in meinem eigenen heimischen Nigeria vorzustellen. Ein Appell, geplündertes Material zurückzugeben? Da wären dann die ganze Nacht Pickel und Schaufeln in Bewegung ... für die zeitweise Bestattung von Stereoanlagen, Kühlschränken und Motorrädern. Nager, Wildhühner und Antilopen sähen ihre Ruhe rüde unterbrochen durch das Röhren gestohlener Motorfahrzeuge, die auf der Suche nach zeitweisem Versteck durch ihr Territorium preschten.

Doch das war ja nicht immer so. Wenn ein Volk kontinuierlich brutalisiert worden ist, wenn die Sprache der Herrscher allein als das Knurren marodierender Raubtiere und Aasfresser erkannt wird, dann beginnen die Menschen ihre eigene Menschlichkeit in Frage zu stellen, ihr zu misstrauen und sie schließlich abzulegen, und sie werden – nur zum eigenen Überleben – selbst zu Raubtieren gegenüber ihrer eigenen Art. (Dies war der Schluss, den der aus Martinique in der Karibik stammende Psychiater Frantz Fanon, Autor von »Die Verdammten dieser Erde«, aus seinen Studien in Algerien unter einem brutalen französischen Kolonialismus zog. Welche Schlüsse würde er wohl heute ziehen aus der bestialischen Gewalt, die der fundamentalistische Staat-im-Staat[34] Journalisten, Künstlern, und Frauen wie auch anderen als unrein eingeschätzten Muslimen zufügt? Und welche Art »Wahrheit und Versöhnung«-Prozess könnte denn – nach menschlichem Ermessen – die Ausführenden eines von ihnen selbst geglaubten göttlichen Auftrags einschließen, wenn dieser Auftrag Grausamkeiten beinhaltet, die selbst eine an die jugoslawischen und ruandischen Exzesse gewohnte Welt zu schockieren vermögen?)

Aus unserem kleinen Ausflug nach Trinidad können wir aber eine ganz reale Lehre ziehen, nämlich die Bedeutung, die der Rückerstattung für die Ordnung einer Gesellschaft zukommt. Zugegeben, in Trinidad gab es eine generelle Amnestie. Auf der Insel hatte eine soziale Verirrung stattgefunden, deren Schwere aber wegen der besonderen Umstände leicht herabgestuft werden konnte. Es war lediglich eine ansteckende momentane Verrücktheit gewesen. Nichtsdestotrotz war die rundum gewährte Vergebung der Sünden an Bedingungen geknüpft: Zunächst musste die Rückerstattung der geplünderten Besitztümer erfolgen. Dies war die Grundlage. Wenn das Gewebe der Gesellschaft, zerrissen durch die doppelte Gewalt des versuchten Staatsstreichs und der Plünderungen, geheilt werden sollte, dann musste zunächst Wiedergutmachung stattfinden. Wahrheit allein reicht nie aus, um eine Versöhnung zu garantieren. Dies hat nun wenig mit Verbrechen und Bestrafung zu tun, sondern mit Einfallsreichtum – d. h. dem Entwerfen einer sozialen Formel, die einerseits die Vergehen durch

---

[34] Gemeint ist die algerische fundamentalistische Bewegung »Front Islamique du Salut«, FIS.

Enteignung benennt und andererseits diejenigen strafen soll, die von einer gemeinsamen menschlichen Ordnung abweichen, und gleichzeitig eine Formel, die als Kriterium für das künftige Verhalten dieser Gesellschaft dienen – und das selbst in Zeiten von Stress – und schließlich auch heilen soll. Die Erinnerung – an das, was gewesen ist, an Taten des Begehens oder des Unterlassens, an verleugnete Verantwortung – beeinflusst das künftige Verhalten der Macht in jedweder Form. Jedes Versagen, ein solches Prinzip der Anerkennung auf einfallsreiche Art und Weise anzunehmen, führt allein zum Platzgreifen einer politischen Kultur, die keinerlei Grenzen zu kennen scheint – der Kultur der Straflosigkeit.

Eine Jahrtausend-Abrechnung?

Wiedergutmachung kann deshalb – als eine Grundbedingung des Zusammenlebens – nicht einfach zu den Akten gelegt werden, und vielleicht entdeckt ja Südafrika, ungeachtet der Neigung unserer Autoren, Dichter und Weisen der Vergebung – William Conton (»The African«), Léopold Sedar Senghor, Tierno Bokar (»Der Weise von Bandiagara«), James Baldwin (»Blues für Mr. Charlie«) und all die anderen –, die Menschen edler erscheinen zu lassen, als sie sind, dass das Land letztendlich doch nicht um eine Formel herumkommt, die den zwingenden Geboten der elementaren Gerechtigkeit von Wiedergutmachung entspricht. Es sollte jedenfalls nicht jenseits der Vorstellungskraft der beschuldigten gesellschaftlichen Gruppe selbst liegen, auf die heroische Großzügigkeit der Opfer mit einem ebenso heroischen Akt der Buße zu antworten, auf derart einfallsreiche Art und Weise zum Ausdruck gebracht – wie bereits gesagt –, dass sie sowohl die moralische als auch die materielle Wiedergutmachung beinhaltet; die letztere kann ihre Verwirklichung in sozialen Szenarien finden, die deutlich als solche identifiziert werden. Ein Verzicht darauf provoziert eine Interpretation, durch die das Verbrechen noch nachträglich gebilligt wird – eine gefährliche Wahrnehmung, die eines Tages unerwartet eine lange schlafende Saat des Hasses und des Unmuts innerhalb der Opfergruppe wieder aufkeimen lassen könnte. Die rassische Pathologie jener einstigen Sklavengesellschaft, der Vereinigten Staaten, stellt eine Warnung dar, die sich nur unter größter Gefahr verkennen lässt. In dem Maße, in dem die Welt näher zusammen rückt – der Ausdruck »globales Dorf« wurde ja nicht umsonst zu einer gängigen Münze – scheint es nur natürlich, sich die Punkteliste der Beziehungen aufeinander treffender Gemeinschaften einmal genau anzusehen. Dort, wo es Ungleichheit gegeben hat, und vor allem Ungleichheit einer besonders verrohenden Art, der Art, durch die eine Seite ihrer fundamentalsten Rechte beraubt wird – ihres Menschseins –, da scheint es nur angemessen, dass eine gewisse Art der Genugtuung stattfindet, um eben diese Vergangenheit auszutreiben. Wiedergutmachung dient, das möchten wir noch einmal wiederholen, als eine überzeugende Kritik der Geschichte und somit als ein starkes Hemmnis gegen Wiederholung. Es ist unmöglich, das Beispiel der Juden zu ignorieren und die besessene Entschlossenheit der Überlebenden des Holocaust, sowohl ihr materielles Erbe als auch ihr Menschsein, dessen sie auf brutale Weise beraubt worden waren, wiederzuerlangen.

Alle Versuche, jetzt eine spitzfindige, Schuld tilgende Unterscheidung – wie etwa das Zeitargument – zwischen den Erben eines Verbrechens gegen die Rasse – die jüdische gegenüber der schwarzen Rasse zum Beispiel – als Hindernis aufzubauen, sind voller historischer Fallgruben und müssen hier noch kurz erwähnt werden, bevor wir diesen Teil unserer Betrachtungen abschließen. Grundsätzlich sollte dies ja keine Übung in miteinander konkurrierenden Interessen sein, sondern vielmehr eine ernsthafte Hinterfragung des Vorhabens der Versöhnung. Denn die zeitliche Nähe oder Ferne eines Verbrechens, dessen Auswirkungen in der Gegenwart noch erkennbar sind, ist kein Argument für oder gegen die Rechtmäßigkeit der Forderung nach Wiedergutmachung.

Die praktischen Konsequenzen dieser Forderung bleiben natürlich die am meisten problematischen, ja, sie sind nahezu entmutigend. Ich habe einmal vorgeschlagen, die versklavenden Nationen sollten einfach die Schulden Afrikas erlassen, und wir würden im Gegenzug die nicht in Zahlen zu bemessende Ungerechtigkeit erlassen, die dieser Welt durch die heutigen Nutznießer des Sklavenhandels angetan wurde. Auf diese Weise könnten wir uns mit einer Tafel in ein neues Jahrtausend hineinbegeben, die von den schwärenden Wunden der Vergangenheit reingewischt wäre. Wir könnten uns dann in der Tat daran machen, unser Zeitalter »das Jahrhundert – oder das Jahrtausend – der globalen Annullierung« zu nennen. Mein Vorschlag schien aber, so muss ich zugeben, keinen besonderen Eindruck auf die Zusammenkunft der dickköpfigen Geschäftsführer der Weltbank zu machen, an die dieser Vorschlag gerichtet war. Und aus einem bestimmten Blickwinkel heraus scheint ein solcher Vorschlag in der Tat auch unausgewogen zu sein, weil er die Unvorsichtigen unter den afrikanischen Nationen profitieren ließe, während er gleichzeitig die wirtschaftlich Klugen benachteiligte. Die offensichtliche Antwort hierauf ist die: Es waren ja nicht Regierungen, die versklavt wurden, sondern vielmehr die Völker, und gegen die Völker wird (und dies sowohl von ihren früheren wie auch ihren heutigen Herrschern) viel mehr gesündigt als dass die Völker selber sündigten. Die materielle Auswirkung des Erlasses nationaler Schulden mag ja auf kurze Sicht im wirtschaftlichen Leben der Menschen nicht wahrnehmbar sein, doch bietet er die Chance eines Neubeginns, setzt zugleich jenen immer wieder von den Regierungen angeführten Entschuldigungen ein Ende, wonach die Schulden für die Vernachlässigung der Wirtschaft oder den Kollaps der Entwicklung verantwortlich sind, und stärkt im besten Falle die Entschlossenheit der Bürger in ihrer Forderung nach Verwirklichung des Rechenschaftsprinzips. Ganz grundsätzlich aber beinhaltet ein solches Vorgehen eine über den uns teilenden Graben reichende globale, ganzheitliche Lösung für unser Bemühen, eine bittere Phase unserer miteinander verstrickten geschichtlichen Erfahrungen zu überwinden.

Ähnliches gilt für ein anderes Vorhaben, wie es von der UNESCO, aber auch von nationalen und privaten Aktivisten als ein eigenständiges moralisches Ziel verfolgt wird: die Rückführung eines wesentlichen Teils der dem Kontinent geplünderten Kunstschätze, die zur Zeit noch in europäischen Museen verschlossen sind, an ihre ursprünglichen Heimatorte. Die Kunst ist schließlich der materielle Ausdruck des Menschseins eines Volkes; sie kann eine mehr als symbolische Rolle spielen bei der Aussöhnung der Vergewaltiger mit einem Volk, dessen Menschsein dermaßen umfassend geleugnet wurde.

Erinnern wir uns jetzt noch einmal daran, dass die interne Sklaverei, die den überlebenden Millionen eines Kontinents heute von ihrer eigenen Art zugefügt wird, die Idee der Wiedergutmachung insgesamt in Frage stellt – denn kann auch irgendein Argument aus dem Munde eines Mobutu Sese Seko oder eines Sanni Abacha vor einem weltweiten Gerichtshof zur Herstellung der Gerechtigkeit auch nur im Geringsten überzeugen? Was mich selbst angeht, so lehne ich es im Vorhinein ab, dass meine Interessen mit denen von derart ausgewiesenen Nutznießern der Versklavung in einen Topf geworfen werden. In diesen bittern Zeiten sollte Wiedergutmachung ebenso wie Mildtätigkeit zu Hause beginnen, und der Reichtum der Mobutus, der Babangidas, der Abachas, aber auch der de Beers, der Shell-Surrogat-Incs. etc. des Kontinents sollte als Anzahlung verwendet werden, als Beweis einer internen moralischen Reinigung, die alle Forderungen nach weltweiter Entschädigung über jeden Zweifel erhaben machen würde. Wiedergutmachung muss deshalb die Annahme der moralischen Verpflichtung westlicher Nationen einschließen, den afrikanischen Völkern jene post-koloniale Beute rückzuerstatten, die in den Banktresoren, in Immobilien, Geschäftsanteilen in den westlichen Staaten versteckt sind; und die Rückerstattung müsste die Unternehmen jener afrikanischen Führer einschließen, die bei der Enteignung des Kontinents dem europäischen Beispiel gefolgt sind.

Die Ausraubung Afrikas wäre ja nie möglich gewesen, hätte nie solche Mammut-Proportionen erreicht ohne die Kollaboration genau dieser kommerziellen Zentren Europas und, in jüngster Zeit, auch der reicheren arabischen Nationen. Lassen wir dies also einen konzertierten, ersten Schritt auf dem Weg zur Wiedergutmachung sein – ein Akt, der die Schuld der Helfershelfer anerkennt, jedoch den Opfern der Haupttäter Wiedergutmachung gewährt. Wenn dies entschieden betrieben wird, dann werden die so erstatteten Reichtümer den heimgesuchten Volkswirtschaften jener Länder des Kontinents zunächst einmal etwas Raum zum Atemholen gewähren, die von ihren haltlosen Führern ausgeplündert worden sind. Eine verlegene Regierung der Schweiz und die dortigen Banken sind ja seit Jahren mit einer solchen Übung zugunsten der Opfer des jüdischen Holocausts beschäftigt –

hierbei handelt es sich sowohl um ein Projekt der Wiedergutmachung als auch der Reinigung von lange geleugneter faschistischer Mittäterschaft, die nun vor den Augen der Welt bloßgelegt wurde.

Wir bleiben uns unseres Erbes einer ruhmreichen Vergangenheit bewusst und müssen darauf aufbauen, doch die Schandtaten, die wir uns selbst antun, werden weiterhin auch unsere Gegenwart anklagen. Die Szenen afrikanischer Sklavenbesitzer, die Menschen ihrer eigenen Art zum Ergötzen der Offiziere der Sklavenschiffe enthaupten, liefern – uns selbst – einige der am meisten demütigenden Bilder aus den Archiven der Sklaverei – und natürlich bietet auch unsere mündliche Geschichtsüberlieferung unzweideutige Zeugnisse der tödlichen Verbrechen unserer eigenen Art. Das Verhalten traditioneller Herrscher, die völlig im Bann der neuen militärischen Sklavenhalter stehen, bietet uns eine bittere Neuauflage unserer Geschichte. Nigeria, wie stets bei solchen Obszönitäten ganz vorne, wird erneut durchquert von den kriecherischen Schleimspuren, entlang derer die einstmals angesehenen Majestäten der Obis, Obas und Emire[35] in Unterwerfung vor den neuen Sklavenmeistern in Militäruniform kriechen. Einer nach dem anderen schlittern und rutschen sie daher, stolpern übereinander, balgen sich mitsamt ihrer königlichen Roben und Zepter bei dem Versuch, der jeweils Erste zu sein beim Ritual der Selbsterniedrigung zu Füßen irgendeines unreifen Totschlägers mit einem Offiziersstöckchen. Die traditionelle Haltung des Sich-zurück-Ziehens und Abschottens angesichts überlegener Kräfte wird ebenso aufgegeben wie sie ihr Volk aufgeben, zugunsten kurzfristiger Vorteile aus Regierungsaufträgen und bevorzugter Behandlung bei der Vergabe von Importlizenzen etc. Ihnen uneigen

---

[35] Der traditionellen Herrscher in West-, Ost- und Nord-Nigeria.

das stille Symbol, dessen *Abwesenheit* Bände spricht, und das den Widerstand mit mehr als mystischem Segen versieht.

Sind das die Könige, von denen die Griots sangen? Sind dies ihre Nachfahren? Wir kennen sie nicht, aber wir wissen zu unterscheiden, aus welchen königlichen Stammbäumen die Mehrheit von ihnen kommt – aus jenen, die Widerstand leisteten oder eben jenen, die vor ihren Versklavern katzbuckelten. Wir kennen den Unterschied zwischen Oba Ovheramwen, dessen Herausforderung der Briten zur Niederwerfung des Königreiches von Benin im 18. Jahrhundert führte, und dem gegenwärtigen Amtsinhaber seines Thrones. Ile-Ife, die Wiege des Yoruba-Volkes, ja, aller schwarzen Rassen der Welt, ist heute ein Armenhaus, von einem Bettler bewohnt, dessen Verhalten sicherlich seine Vorfahren die himmlischen Dachsparren mit ihren Tränen ersäufen lässt. Stellen wir uns einmal vor, dass die Welt in einer verrückten teleologischen Umkehrung dem Beispiel Napoleons folgt und die Sklaverei nach ihrer Abschaffung erneut einführt – vielleicht wird unser Planet ja überfallen und die Vereinten Nationen von Superwesen aus dem Weltraum einer neuen Definition des Humanismus unterworfen –, dann erkennen wir sofort jene unter uns, die als Erste bereit wären, ihre eigenen Landsleute zum Verkauf anzubieten; ihre Genealogie ist wie ein Kainsmal in ihre Stirn gebrannt.

Die rechtmäßige Rüstung im Kampf um die Sühnung früherer Verbrechen ist somit auf traurige Weise beschädigt. Die schmähliche Rolle früherer Herrscher, die bis heute fortlebt, erinnert uns an ihre Komplizenschaft in jener Angelegenheit, für die heute Wiedergutmachung eingefordert wird. Ohne ihre Kollaboration oder – anders herum formuliert – bei einem entschlossenen Eintreten zum Schutz ihrer eigenen Leute wäre der Sklavenhandel schon an seinem Ursprung aufgehalten worden. Wenn der afrikanische Kontinent als Folge eines solchen Widerstandes auch verwüstet worden wäre ... Doch warum hierüber Vermutungen anstellen? Wir wissen ja, *dass* der Kontinent durch ihre Wahl tatsächlich verwüstet wurde, und wir wissen auch, dass ihr Komplizentum – wie es heutzutage in der Machtpolitik sein Echo findet – das trübt, was eigentlich eine klare Unterscheidung zwischen Opfer und Täter sein sollte. Doch dessen ungeachtet kann das Prinzip der Entschädigung sowohl aus den objektiven Kriterien als auch aus dem Blick der europäischen und asiatischen Welt auf ihre eigene geschichtliche Entwicklung abgeleitet werden. Wir können nicht einfach einen Prozess aufgeben, der sich der Tugend rühmt, eine fehlerhafte Geschichtsauffassung in Frage zu stellen und es uns ermöglicht, das interne Fortführen einer Vergewaltigung von außen anzuprangern. Und wir betonen diesen Punkt zur Belehrung ablehnender Stimmen zu diesem Thema: Ablehnende Argumente, die darauf gründen, dass das kollektive Unrecht der Sklaverei »so lange her« sei, können das Prinzip der Wiedergutmachung als solches keineswegs unterminieren. Von Australien über Japan bis in die Vereinigten Staaten gibt es hierfür ausreichend aktuelle Beispiele: Nehmen Sie etwa Präsident Clintons Entschuldigung – eine Entschuldigung, der in der Tat Wiedergutmachung voraufgegangen war – gegenüber den schwarzen Opfern jenes skandalösen medizinischen Experiments, in dem schwarzen Amerikaner ohne deren Wissen zu Versuchszwecken Syphilis eingeimpft wurde; oder erinnern wir uns an das Gedenken und die Rehabilitierung der Opfer der Hexenjagd von Salem im Jahr 1692; schließlich Japans Entschuldigung und Entschädigung gegenüber den koreanischen »Tröstungsfrauen« für seine Soldaten im Zweiten Weltkrieg – in den neunziger Jahren schien die Welt geradezu von einem *fin de millénaire* – Fieber der Sühne gepackt gewesen zu sein.

Die afrikanische Forderung nach Wiedergutmachung geht diesem Fieber voraus, ist jedoch keineswegs Teil irgendeines Trittbrettfahrer-Effekts. Und diese weltweite, allumfassende Stimmung der Rechenschaftslegung scheint keinerlei zeitliche Einschränkung zu beachten. Ein ohne Zweifel »uraltes« Vergehen gegen das spanische Judentum, um nur dieses eine letzte Beispiel zu nennen – das Edikt von 1492, mit dem Ferdinand und Isabella die Juden aus Spanien vertrieben –, wurde von der spanischen Regierung erst 1996 aufgehoben. Der Export des ersten Sklaven von der westafrikanischen Küste ging der Vertreibung der Juden aus Europa um gerade einmal fünfzig Jahre voraus, und der totale Einstieg Europas in dem Sklavenhandel begann erst im 17. Jahrhundert und ging in einigen Fällen weiter bis ins späte achtzehnte Jahrhundert. Die Sklaverei selbst wurde in Brasilien und Teilen der Karibik erst im letzten Jahrzehnt jenes Jahrhunderts abgeschafft. Welche dieser Erinnerungen verdient also am wenigsten den Frieden des Vergessens? Wie kommt es eigentlich, dass ein fünf Jahrhunderte altes »Verbrechen gegen die Menschheit«, begangen gegen die jüdische Rasse, nicht in die Archive verjährter Ungerechtigkeiten verwiesen wurde? Ist es allein eitle Zwanghaftigkeit, die die Menschheit dazu antreibt, zu exhumieren und für vergangene Verbrechen gegen ihresgleichen Buße zu tun? Und ist dann, und wieder einmal, die afrikanische Welt von einer anderen Qualität, will heißen, einer, die der ausgleichenden Gerechtigkeit von Sühne und Wiedergutmachung unwürdig ist? Gerechtigkeit muss für alle gelten – oder überhaupt nicht.

Wir werden den europäischen Geisteswissenschaften (obschon diese ja selbst zu den Beschuldigten gehören) das letzte Wort zu dieser Charta der Forderungen zugunsten des Erinnerns zuerkennen. Wenn wir uns Shakespeares Wort aneignen dürfen, und zwar in einem – und sei er noch so uneleganten – Kontext, dem der Barde ganz sicher zustimmen würde, dann sagen wir von dieser Schönheit mit den verbundenen Augen, die die Wahrheit ist: »Das Alter kann sie nicht welken machen / Noch Brauch ihre unendliche Vielfalt stumpf werden lassen.« Innerhalb dieser unendlichen Vielfalt können wir pragmatische Antworten suchen für die praktischen Einzelheiten bei der Vermählung der beiden miteinander wetteifernden Tendenzen, die eine heilende Trilogie für das neue Jahrtausend erzeugen werden: Wahrheit, Wiedergutmachung und Versöhnung.

II. DIE NARBEN DER ERINNERUNG, DIE WAAGSCHALEN DER GERECHTIGKEIT

Es wird wohl noch eine Weile dauern, bis wir diesem Thema gänzlich entkommen können. Just in dem Moment, als ich glaubte, ich hätte mich seiner erst einmal entledigt, kommt Bischof Desmond Tutus leidenschaftlich argumentierendes Buch über Südafrikas »Wahrheits- und Versöhnungskommission« daher, das – zumindest in meinem tiefsten Innern – gewisse Anliegen wieder aufrührt, die an den Kern von Geschichte, Gemeinschaft und Gerechtigkeit gehen. Ich habe sein Buch für das *Times Higher Education Supplement* besprochen, aber es gibt nur wenige Übungen, die frustrierender sind als der Zwang, eine ganze Anzahl von Argumenten, die man zu einer derart eindeutigen Haltung entwickeln möchte, auf einer einzige Seite zu komprimieren. Und ich weiß, dass ich in einer direkten Konfrontation mit unserem Gottesmann niemals Befriedigung erlangen kann. Diese Erfahrung habe ich bereits gemacht, als wir beide – wir beide ganz allein auf dem Podium – in Atlanta zu einer Diskussion über genau dieses Thema zusammentrafen. Damals schloss ich: Ein Theologe ist ein Theologe ... und das ist das Ende der Diskussion. Ich erinnere mich, dass ich damals zum Bischof sagte – es war damals ehrlich gemeint und bleibt es auch heute: »Mehr als je zuvor bin ich überzeugt, dass Sie ein Heiliger sind, und die Menschheit sollte dankbar sein, wenn solche Heiligen sich unter ihr zeigen. Doch« – so fuhr ich fort – »die Gesellschaft muss sich selbst schützen, indem sie alle Heiligen dazu auffordert, auf ihrem Heiligenschein eine Aufschrift zu tragen, die besagt: *ACHTUNG! Heilige gefährden Ihre Gesundheit.*«

Seit diesem Treffen mit dem Bischof hat Nigeria seine eigenen Anhörungen zu den in seiner jüngsten Geschichte begangenen Verbrechen begonnen. Und die Zeitspanne, mit der sich die Untersuchungskommission beschäftigen wird, ist über die letzte brutale Diktatur des Landes, die von Sanni Abacha, hinaus ausgeweitet worden, um auch jene Verbrechen einzuschließen, die unter den verschiedenen Regierungen seit dem ersten Militärputsch 1966 begangen worden sind. Hierbei handelt es sich um ein mutiges Vorgehen, das ich vor allem deshalb belobigen muss, weil es auch die frühere Verantwortung des heutigen Staatsoberhauptes Olusegun Obasanjo einschließt, als dieser (von 1976 bis 1981) selbst Militärdiktator war. Ich würde mir nur wünschen, dass Fela Anikulapo-Kuti, der unbezähmbare König des Afro-Jazz, noch am Leben wäre, um diesen Anhörungen beizuwohnen und als Zeuge auszusagen. Eine Konfrontation zwischen dem heutigen Staatschef und Fela würde unseren Gazetten über Monate sensationelles Material geliefert und Fela selbst mit rachsüchtiger Inspiration für wenigstens eine weitere denkwürdige Schallplatte beliefert haben.[36] Da Fela sich aber bereits seit einigen Jahren zu seiner Mutter bei den Vorfahren gesellt hat, müssen wir zumindest den Entschluss des Präsidenten loben, Zeugnis abzulegen und sich der Befragung durch die Untersuchungskommission zu stellen. Hier handelt es sich in der Tat um eine Wasserscheide in der Geschichte der Nation. Bis Obasanjo persönlich im Gericht erschien, hatten ein oder zwei der früheren Militärdiktatoren und andere hochrangige Militärs bereits ihre Absicht kund-

---

[36] Soyinka war über seine Mutter mit dem vor einigen Jahren verstorbenen Afrorocker Fela Kuti verwandt. Die vom damaligen Militärdiktator General Obasanjo befehligte Armee fühlte sich durch Felas Songtexte provoziert; sie suchte seinen Musik-Club »Kalakuta Republic« heim, zerstörte ihn und warf seine Mutter, die streitbare politische Aktivistin Mrs. Kuti, aus dem Fenster – woraufdiese kurze Zeit später verstarb.

getan, die Autorität der Kommission herauszufordern, wenn sie denn vorgeladen würden, und sich eher dem Märtyrertum anheim zu geben – Märtyrertum jedenfalls in den Augen jener Horden von Kanonenfutter, die nur allzu leicht davon zu überzeugen sind, dass jede Vorladung nur als die Erklärung eines Heiligen Krieges gegen ihre verehrten Führer betrachtet werden kann. Da jetzt aber der amtierende Staatschef persönlich vor Gericht erschien, müssen wir abwarten, ob ein Vertreter dieser arroganten Spezies es wagt, den Mantel der Immunität für sich in Anspruch zu nehmen, den sie ja stets als Schutzpanzer der Straflosigkeit verstehen.

Ich war wirklich fasziniert von Berichten, nach denen Obasanjo, in der Rolle des Klägers, tatsächlich offen erklärte, er habe seinen Verfolgern vergeben. Dies scheint mir nur logisch zu sein, da Obasanjo selbst ja durchaus noch der Vergebung bedürfen mag. Mein Problem besteht nun darin, dass ich selbst inzwischen meine Klage eingereicht habe und daraufhin benachrichtigt wurde, ich solle vor der Untersuchungskommission erscheinen und aussagen. Während ich aber bereit bin, das moralische Beispiel von Obasanjos Handeln als verpflichtend für seine Mit-Diktatoren und deren emsige staatliche Agenten anzuerkennen, bin ich weniger gewillt, jenen Aspekt seines Handelns zu akzeptieren, bei dem es um das Vergeben geht. Denn zum einen empfinde ich keinerlei Bedürfnis nach Vergebung – mit Ausnahme natürlich durch andere nigerianische Opfer –, wegen meines Versagens, mehr für die Minderung ihres Leids getan und sie so schon früher vor dem Zugriff eines Monsters gerettet zu haben. Hierbei handelt es sich jedoch um ein kollektives Versagen, ein Versagen, für das die gesamte Nation von einhundert Millionen Einwohnern Verantwortung trägt; es ist somit ein Versagen, das sich gegenseitig aufhebt; ich will damit sagen, dass wir einfach nicht fortfahren können, einander reihum immer und ewig zu vergeben, weshalb wir diese Tatsache besser einfach so hinnehmen. Allen Ernstes aber muss ich eingestehen, dass die stillschweigende Übernahme von Bischof Desmond Tutus »Theologie der Vergebung« mich beunruhigt – wenn sie auf einen gegenwärtig auf unserem Kontinent ablaufenden Vorgang angewendet wird, einen Vorgang, der ja nur eine jüngere Variante des südafrikanischen Experiments darstellt. Denn die Übernahme dieser Theologie der Vergebung stellt meine eigene Sicht der Verantwortung der Gemeinschaft gegenüber sich selbst in Frage, wie auch die Bedeutung des Prozesses der Heilung sozialer Zerrissenheit, und der Verantwortung, ohne die ein menschliches Wesen kein Ganzes ist, ganz so wie ein soziales Wesen nicht als Ganzes betrachtet werden kann, wenn ihm die Fähigkeit zur Vergebung fehlt.

Ich spreche hier auf jene mutmaßlichen sozialen Werte an, die gewissen menschlichen Reaktionen gegen soziale Übertretungen zugeschrieben werden, und ich frage mich, wie stets, ob das Vergeben als solches – anerkanntermaßen eine christliche oder buddhistische Tugend – gelegentlich nicht der Fähigkeit einer Gesellschaft schadet, nicht nur sich selbst zu heilen, sondern auch sicher zu stellen, dass diese Gesellschaft nicht wieder und wieder verwundet wird. Aus der fernen Erinnerung des Alten und Neuen Testaments, so wie sie in mein kindliches heiden-freundliches Hirn gehämmert wurden, glaube ich mich zu erinnern, dass die ganz persönliche Botschaft Jesu Christi besagte, der Akt der Vergebung komme dem Anhäufen heißer Glut auf dem Haupt des Missetäters gleich – wenn dem so ist, dann bedeutet dies: Selbst Christus erkannte an, es sei durchaus angebracht, dem Haupte des Missetäters ein gewisses Maß an Unbehagen zuzufügen. Nicht notwendigerweise von der physischen Sorte, wohl aber psychologischer Art. Ich weiß ja – da bedarf ich keiner Belehrung! –, dass »glühende Kohle« lediglich als Metapher verwendet wurde, doch schon die Wahl dieser Metapher trägt in sich die unausweichliche Begleiterscheinung, dass dem Missetäter eindeutig ein Gefühl des Unwohlseins vermittelt werden sollte; weder sollte er im Vollgefühl seines Triumphes davongehen dürfen, noch ohne Narben negativer Gefühle; auf jeden Fall auf irgendeine Art und Weise aus dieser Erfahrung geläutert hervorgehen.

Mit diesem Mann der Gleichnisse bin ich deshalb uneins, weil ich meine, dass er, was die Psychologie der Missetäter angeht, ziemlich nachlässig war. Einige dieser Täter sind einfach mit jenem perversen psychologischen »Make-up« ausgestattet, einer weit verbreiteten Persönlichkeitsstörung, die die – für Sie und mich – strafenden »Eimer voll glühender Kohle« in ihrem Geiste in kühle Segensduschen verwandelt. Die Vergebung, die ihnen das Opfer gewährt, wird von ihnen als ein Akt der Schwäche wahrgenommen, als Beweis dafür, dass sie im Recht waren, ja selbst als Ermutigung und eine Bestätigung ihrer Unschuld und somit ihrer Straflosigkeit. Wenn man mir aber immer noch nicht glauben mag, dann komme man doch einmal nach Nigeria und höre sich die Stimmen derjenigen an, die die Nation zu Grunde gerichtet, Leben und Überlebensmöglichkeiten ruinierten, persönlich Folter gar ausgeübt oder beaufsichtigt haben; hören Sie sich jene Stimmen an, die dafür verantwortlich waren, dass eine potenziell große Nation zur Bettelrepublik gemacht wurde, in der nichts mehr funktioniert, in der das tagtägliche Leben kurz und brutal ist, in der die Menschlichkeit, die unsere Jugend prägt, zu einem Sumpf aus Verdächtigung, Hass und Raubsucht verkommen ist.

Eine dieser Stimmen, die eines Diktators, der Nigeria

durch die illegale Annullierung einer Wahl in eine tiefe Krise stürzte, war kürzlich im Rundfunk zu vernehmen, um die Rechtmäßigkeit seines Handelns zu beteuern und zu behaupten, dass all diejenigen, die für die Wiederherstellung der Demokratie in Nigeria kämpften, nichts anderes als Scheinheilige und Opportunisten seien. Sie alle, so behauptete diese Stimme, hätten doch nur ihre eigenen Taschen füllen wollen. Hätte er nicht diese Wahlen annulliert, so fragte der Diktator, würden dann auch nur ein Einziger der Kläger heutzutage jene Positionen besetzen wie sie es heute tun? Man höre noch einmal genau hin: Dieser einstige Diktator, Ibrahim Babangida, dessen Handeln direkt zum Gefängnistod eines demokratisch gewählten Präsidenten führte, zur Ermordung der Frau jenes Präsidenten, zu Hunderten von Entführungen, zu Folter und zur Liquidierungen von Dissidenten, dieser Diktator, unter dessen Herrschaft mindestens vierhundert Menschen in ganz Nigeria kaltblütig nieder gemäht wurden, als sie gegen den Diebstahl ihrer Wählerstimmen und die Erniedrigung als soziale Wesen protestierten, dieser Diktator verschlimmerte sein Verhalten noch, indem er sich über das Trauma des nigerianischen Volkes lustig machte und jene Heilungsnarben wieder aufriss, die sich über ihren Wunden gebildet hatten. Sein Handeln war es, das unmittelbar eine ganze Reihe von Ereignissen auslöste und antrieb, von denen sich die nigerianische Nation bis heute noch nicht erholt hat und sich vielleicht in einer ganzen Generation nicht erholen wird, ein Akt, von dem sich die Nation, so wie wir sie als geographischen Raum auf der Landkarte kennen, möglicherweise nie wieder als intakte Einheit erholen wird; dermaßen gewaltig sind die Auswirkungen dieses Handelns, vor allem die Zersplitterung der Nation, indem ein nationales Mandat durch das Nein einer bestimmten Gruppe verworfen wurde. Und warum verwende ich den Terminus Zersplitterung? Weil der Gewinner dieses Mandats, Basorun M. K. O. Abiola, der Mann in dessen Hände die Nation, vom Norden bis zum Süden und von Ost bis West in freier Entscheidung ihren Wählerwillen gelegt hatte, aus einem Teil der Nation kam, der für eine hegemonistische Minderheit aus einem anderen Teil der Nation unakzeptabel war. Ibrahim Babangida[37] zog es vor, der Machtgier dieser Minderheit liebedienerisch gefügig zu sein und setzte so einen Prozess in Gang, der der geeinten Eigenwahrnehmung der Nation dauerhafte Risse zufügte.

Hier handelt es sich also um einen trügerischen Akt, den genau jener Mann lobpreisend besingt, der der Architekt des dämmrigen Tunnels einer Nation in eine ungewisse Zukunft ist. Angesichts dieser Verspottung der Geschichte und der Pervertierung der Vernunft sollte es jedermann deutlich geworden sein, dass Christus eindeutig nie in Nigeria gewesen sein konnte, als er diese unglückselige Metapher vom Eimer voll glühender Kohle entwickelte. Wir müssen jedoch zugeben, dass Nigeria als Nation auf dem Globus keineswegs einzigartig dasteht. Ja, leider ist Nigeria selbst auf dem afrikanischen Kontinent keineswegs einmalig.

Nun müssen wir aber, wenn wir denn eine Bilanz ziehen, auch zugeben, dass es auf diesem Kontinent ebenso feiernswerte Entwicklungen gibt. Die brutale Struktur der Apartheid, die sich selbst für uneinnehmbar hielt, wurde schließlich doch zerstört, und damit wurde von diesem Kontinent aus eine positive Kraft in der Person Nelson Mandelas freigesetzt – doch Südafrika ist hier unser letztendlicher Bestimmungsort, und wir werden

---

[37] Der aus dem Norden Nigerias stammende damalige Militärdiktator hatte zunächst freie Wahlen für einen zivilen Nachfolger zugelassen; nachdem aus diesen jedoch der aus dem Sünden des Landes stammende Geschäftsmann Abiola als Sieger hervorging, annullierte Babangida auf Druck der nördlichen Feudal- und Händlerkaste die Wahl und ließ Abiola verhaften.

bald wieder zu diesem Land zurückkehren. Es ist nützlich, solche Räume des Trostes zu beschwören – jedenfalls solange sie noch existieren – und zwar als Gegensätze zu den Wunden, die wir uns selbst zufügen; und unter diesen erweckt ja zum Beispiel die bloße Erwähnung des Namens Ruanda direkt und unvermittelt nichts Geringeres als eine noch krudere Version der peinlich genau entworfenen Schlachthäuser Adolf Hitlers zum Leben. Diese Gleichzeitigkeit von Fortschritt und Rückentwicklung lehrt uns ganz einfach, dass es noch keineswegs an der Zeit ist, die Vergangenheit zu den Akten zu legen. Diese Vergangenheit hat ganz lebendige Wechselbeziehungen mit der Gegenwart, vor allem dann, wenn wir genau diese Vergangenheit in unseren gegenwärtigen Schicksalsschlägen widergespiegelt sehen können. Die Wiederbelebung der Erinnerung – vor allem durch Handlungen und politische Maßnahmen, die eine fortgesetzte Leugnung unserer Menschlichkeit durch die politischen Führer des Kontinents sind – lassen unsere rassischen Narben auf geradezu unerträgliche Weise aussagekräftig erscheinen und erfordern die seelsorgerische Hilfe in Gestalt phantasievoller Heilungsstrategien.

Wie ist ein solcher Prozess zu bewerkstelligen? – Dies will mir als die fundamentale Herausforderung erscheinen. Das Wort »Versöhnung« weist viele Facetten auf. Afrika muss sich selbst nicht nur mit den Gewaltanwendungen von außen in der Vergangenheit aussöhnen, sondern auch mit der unmittelbaren Gegenwärtigkeit der intern zugefügten Wunden. Es ist mehr als ein bloßer Zufall, daß Südafrika seinen Mechanismus der Heilung als »Wahrheits- und Versöhnungskommission« bezeichnet, und so sind denn unsere Augen bei dieser einzigartigen Herausforderung beständig in Richtung Südafrika gerichtet. Das Beispiel Südafrika nämlich bietet uns ein beachtenswertes Paradigma, weil in diesem Falle die Frage der Schuldhaftigkeit ganz eindeutig ist. Denn niemand wagt auch nur anzudeuten, dass die unterdrückte Mehrheit der Südafrikaner, und sei es auch nur in entferntester Weise, für ihre fortgesetzte Agonie unter der Apartheid verantwortlich war oder an ihr schuldig wurde. Und was das historische, gesamt-kontinentale Projekt der Dehumanisierung, die Sklaverei angeht, so gibt es keinen geschichtlichen Beleg dafür, dass die Kwazulus oder Ndebeles im südlichen Afrika ihre eigenen Leute in die Sklaverei verkauft oder bei der Versklavung ihrer eigenen Leute kollaboriert hätten – ganz im Gegenteil, wir kennen allein ihre Geschichte des Widerstands und Opfers. Die Narben der Erinnerung bezüglich der Apartheid gründen dessen ungeachtet tief, tiefer als das Trauma vieler kolonisierter Gesellschaften in Afrika, einschließlich selbst der kongolesischen unter der brutalen Eigentümerschaft König Leopolds im sogenannten Freistaat Kongo.

Und doch treffen wir hier auf eine bemerkenswerte Entwicklung: Kaum hatte Südafrika seine Freiheit erlangt, ging das Streben dieses Post-Apartheid-Südafrika nicht nach Wiedergutmachung, sondern – nach Versöhnung! Dies aber stellt nun in der Tat eine Herausforderung dar, nicht bloß für den afrikanischen Kontinent, sondern für die gesamte Menschheit. Denn kann man sich nur im Entferntesten vorstellen, dass ein Vorhaben wie »Wahrheit und Versöhnung« aus dem jüdischen Holocaust, aus den »*killing fields*« Kambodschas entspringen könnte – oder etwa aus Ruanda?

Und doch kam mir ein solches Projekt jüngst zu Ohren, und zudem eines, das ebenfalls auf dem afrikanischen Kontinent verwirklicht wurde. Der Bürgerkrieg im Sudan hatte – wie dies traurigerweise in solchen Befreiungskriegen häufig der Fall ist – schon bald zu einer Spaltung innerhalb der einst geeinten Opposition geführt, was seinerseits zu einer brutalen Konfrontation zwischen den Völkern der Dinka und den Nuer führte. Diese Auseinandersetzung währte nahezu acht Jahre bis in die jüngste Vergangenheit, Tausende Leben gingen verloren, zahllose Dörfer wurden zerstört. Dann wurde die Initiative ergriffen von einem Missionar, der es mit ausländischer Hilfe schaffte, mehr als dreihundert Teilnehmer aus einander bekämpfenden Gruppen – Häuptlinge der verfeindeten ethnischen Gruppierungen, traditionelle Heiler, islamische Führer, Führer der christlichen Kirchen, Familienoberhäupter usw. – zu einer Friedenskonferenz zusammen zu bringen. Der Prozess scheint dem der südafrikanischen »Wahrheits- und Versöhnungskommission« ähnlich gewesen zu sein, indem nämlich jeder Teilnehmer von seinem persönlichen Verlust oder dem seiner Familie berichtete, von schmerzlichen materiellen Verlusten, dem Verlassen der angestammten Wohnplätze, der fortgesetzten Entwurzelung und der Zerstreuung von Familien und Stämmen. Aus dieser Erfahrung aber muss vor allem die Ethik der Entschädigung hervorgehoben werden, die dieses Zusammentreffen prägte. Hunderte geraubter Rinder wurden zurückgegeben – womit das gefühlsmäßige Hindernis auf dem Weg der Versöhnung in Gestalt von »Kriegsbeute« beseitigt wurde – und obwohl der Führer einer der kriegführenden Parteien immer noch mit der Regierung in Khartoum verbündet zu sein schien, hatten die Menschen selbst mutig entschieden, dass zwischen ihnen, als Völkern, Frieden und Versöhnung herrschen sollte.

Natürlich ist – und das müssen wir noch einmal betonen – jede Konfliktsituation und jede Zufügung gesellschaftlicher Wunden auf ihre Weise einmalig, und deshalb muss jede Situation in Kenntnisnahme der jeweiligen Besonderheiten angegangen werden. Wenn wir aber nach dem gemeinsamen Nenner suchen, dann nach einem Attribut, das möglicherweise als eine Grundlage für das allgemeingültige Prinzip der Versöhnung dienen kann, worauf wir dann in Beachtung seiner vielfältigen Besonderheiten aufbauen. Selbst die Mythologien der Gesellschaft können unerwartete Hinweise liefern, obwohl wir uns stets auch bewusst sein müssen, dass mythologische Konstrukte Schöpfungen des menschlichen Geistes und Widerspiegelungen menschlicher Neigungen – und somit Projektionen – sind. Nichtsdestoweniger ist die Mythologie das bevorzugte Feld meiner Streifzüge auf der Suche nach »Futter«, und ich gebe gerne zu, daß ich, wenn ich mich mit ethischen Problemen konfrontiert sehe, die an die Grundlagen von Gerechtigkeit und Gleichgewicht in der Gesellschaft rühren, dazu neige, Paradigmen in meinem eigenen mythologischen Reservoir zu suchen, eben jene Archetypen – Götter, Weltenschöpfer, Wirklichkeit gewordene Wesenheiten und historische Protagonisten –, die in ihrer eigenen Geschichte und in ihren Persönlichkeiten einige der edelsten, zugleich aber auch einige der abscheulichsten Attribute menschlichen Verhaltens und Strebens repräsentieren.

Die Götter der Buße

Man erlaube mir deshalb, dass ich hier jetzt Obatala vorstelle, den Gott der Reinheit, der als Erster aus der oben genannten Gruppe sofort vor dem inneren Auge auftaucht. Ich will rasch seinen Lebenslauf schildern – er ist derjenige, der jedem neuen Wesen seine oder ihre Form verleiht. Obatala formt jedes künftige Wesen, gibt es dann weiter an Edumare (Olodumare), dessen Aufgabe es ist, dieser Form Leben einzublasen, wonach die Gottheit Orunmila jedem dieser Wesen sein individuelles Schicksal vermittelt, bevor dieses Wesen auf seinen Weg zu den Lebenden geschickt wird. Dann aber geschieht es eines Tages, dass Esu, der Götterbote und zugleich ein unbezähmbarer Chaosgeist, eine Kürbisflasche voller Palmwein in Griffweite von Obatala zurücklässt. Von seinen kreativen Anstrengungen durstig geworden – und dem köstlichen Geschmack des Palmweins nicht abgeneigt –, spricht Obatala dem Getränk ein wenig allzu reichlich zu. Mit der Folge, dass seine formenden Finger unsicher werden und er wahrhafte Abnormitäten formt – Krüppel, Bucklige, Blinde, Stumme usw. – all jene Mitglieder der Gesellschaft, die die »Political Correctness« heutzutage geziert-zurückhaltend als »physisch herausgefordert« bezeichnet.

Von Überarbeitung und Palmweingenuss ein wenig schlaftrunken, fällt Obatala in einen seligen Schlummer. Als er erwacht, wird er des ungeheuren Ausmaßes des von ihm angerichteten Desasters gewahr. Doch zu spät, denn Edumare und Orunmila haben bereits ihren Teil der gemeinsamen Arbeit getan und die unglückseligen Wesen sind bereits in die Welt hinausgeschickt worden. Reumütig bedeckt sich Obatala mit etwas, das Sackleinen und Asche gleichkommt, gibt sich der Trauer über sein Tun hin und schärft seinen Anhängern ein, stets dem fatalen Durst zu entsagen. In diesem Zusammenhang für uns weit wichtiger aber ist: Jedes Jahr steigt Obatala in die Welt der Sterblichen hinab, um für sein Versagen Buße zu tun. Wenn er dann am Tage seines Festes in die Gestalt eines seiner Priester oder seiner »Messdiener« geschlüpft ist, macht er eine rituelle Phase (*passage*) der Gefangenschaft, der Erniedrigung und schließlich des Loskaufes und der Erlösung durch. Das Obatala-Festival ist eines der bewegendsten und kunstvollsten im (religiösen) Jahresablauf der Yoruba.[38] Das Festival ist das Äquivalent des europäischen Wunder-/Moralitäten-Schauspiels, und es ist eines, in dem die gesamte Gemeinschaft ihre Wunden pflegt und zerrissene soziale Bindungen neu knüpft; und es ist ein Fest, bei dem die Gesellschaft auch von den über das Jahr angewachsenen Übeln reingewaschen wird. Segenssprüche werden erteilt, um die Gemeinschaft für die Mühen des bevorstehenden Jahres zu stärken. Das alles beherrschende Ethos ist das der Buße, der Heilung und der Versöhnung.

Ein Bild, das in nahezu allen Reinigungsriten, den Riten der Heilung oder ganz einfach des Übergangs von einer Phase der menschlichen Existenz zu einer anderen auftaucht, ist das des Bogens oder Bogenganges, gewöhnlich aus Zweigen geformt, unter denen ein Individuum oder eine ganze Gemeinschaft hindurchschreiten muss. Manchmal handelt es sich um nicht mehr als um einen mit Palmwedeln bekränzten Pfahl, eine mit Kreide gezogene Linie oder um *camwood* (afrikanisches Rotholz), über das hinweggestiegen werden muss, eine gewobene Matte, über die die Bittsteller hinwegschreiten müssen, oder eine historische Gasse, durch die eine gemeinschaftliche Prozession ihren Weg windet, wobei dann auf dem Weg Opfer gebracht werden, auf dass die Gemeinschaft geheilt oder wiedergeboren werde. Ich stelle mir einen Prozess der »Wahrheit und der Versöhnung« gerne als einen dieser symbolischen Bögen vor, unter dem sowohl Opfer als auch Täter hindurchschreiten müssen, um geistig geheilt, gestärkt zu werden in einer Art und Weise, die es ihnen ermöglicht, der Vergangenheit den Rücken zuzuwenden und ein neues Leben zu beginnen,

---

[38] Soyinka stammt aus dem Volk der Yoruba im Südwesten Nigerias; die afrikanische Religiosität hat ungeachtet der Missionierung durch Christentum und Islam bei der Mehrheit der Bevölkerung überlebt, und zahlreiche religiöse Feste rhythmisieren das Jahr. Soyinkas Theaterstücke sind ebenso wie seine Gedichte ganz wesentlich von der Kosmologie der Yoruba geprägt.

eine neue Struktur von Beziehungen zu schaffen, die von der anderen Seite her winkt.

Obatala ist keineswegs die einzige der fehlgehenden Gottheiten im Yoruba-Pantheon. Einer nach dem anderen – Ogun, Sango, ja sogar Orunmila, die Gottheit der Weissagung – werden sie alle auf die Ebene der Sterblichen heruntergeholt. Ein Bruch, eine Übertretung, dann das Eintauchen in wiedergutmachende Leidenserfahrungen, nach denen sie dann ihren (alten) Status sowohl unter ihresgleichen (den Göttern) als auch in den Augen der Menschheit wiedererlangen. Und natürlich erinnert die alljährliche Neuinszenierung ihrer Momente der Schwäche und des Irrens ihre Anhänger auch an ihre eigenen Schwächen und an die ethischen Gebote, die das Sühneopfer zum unabdinglichen Vorspiel der Rehabilitation und der Versöhnung machen. Es ist – dessen bin ich mir gewiss – ein Prinzip, das zu preisen selbst das Christentum nicht umhin kann –, denn sowohl das Alte als auch das Neue Testament sind ja voller Erzählungen über Buße-Tun, Wiederherstellung (des Gottesreiches) und Versöhnung. Da gibt es noch eine Erweiterung. Wenn wir Obatala als unser Vorbild heiliger Tugenden anführen, müssen wir uns daran erinnern, dass die dramatische Struktur seiner Buße-Riten sowohl seine Festnahme als auch seine Einkerkerung als völlig ungerecht erscheinen lassen. Die Geschichte ist ganz absichtlich so. Derart werden auch Obatalas Ebenbürtige (die Gottheiten) angeklagt, so werden auch sie dazu gezwungen, sich der Theologie von Fehltritt, Buße und der Wiederherstellung der göttlichen Ordnung zu unterwerfen.

Kurz gesagt entfalten sich Obatalas Riten der Buße wie folgt: Die Gottheit wird gezwungen, sich verkleidet als ein ganz gewöhnlicher Sterblicher, auf eine Reise zu begeben. Im Verlauf dieser Reise besucht er das Königreich Sangos, einer anderen Gottheit, die ihrerseits einige jener Charakteristika aufweist, die wir als die weniger lobenswerten Merkmale der Sterblichen bezeichnet haben: Unbeherrschtheit, Größenwahn usw. Hier wird nun Obatala fälschlich beschuldigt, Sangos, des Königs, liebstes Pferd gestohlen zu haben. Er aber kann seine wahre Identität nicht enthüllen, weil es Teil seines Bußeaktes ist, unerkannt zu bleiben; ihm ist es verboten, seine unsterblichen, übermenschlichen Kräfte einzusetzen, egal auf welche Heimsuchungen er auch treffen mag. Als er unter den erniedrigendsten Umständen in einen Kerker geworfen wird, bleibt ihm keine andere Wahl, als auf seine Rettung zu warten, nie wissend, aus welcher Richtung sie kommen mag – oder wann. Erst als die Natur eingreift, und als die Gemeinschaft – ihrerseits – unter den Konsequenzen der einem unschuldigen alten Mann zugefügten *unbeabsichtigten* Ungerechtigkeit zu leiden beginnt, erst dann greift Orunmila, der Gott der Weissagung, ein. Trockenheit folgt auf Überschwemmungen, das Ungleichgewicht der Natur bringt Verwüstung über die Gemeinschaft. Schließlich wird Orunmila konsultiert, und der enthüllt, dass die Stadt für ihren eigenen Akt der Ungerechtigkeit bestraft wird – auch wenn dieser Akt unabsichtlich begangen wurde! Sango, der hitzige König, muss sich nun selbst den Riten der sühnenden Reinigung unterwerfen, weil er den Befehl zu Obatalas Festnahme erteilte, ohne zuvor Schuld oder Unschuld des beschuldigten Wanderers festgestellt zu haben. Er erniedrigt sich vor Obatala; sein früherer Freund, der zum Opfer geworden war, vergibt ihm und umarmt ihn. Die Versöhnung wird zu einem allgemeinen Fest. Das Obatala-Fest ist allumfassend in seinem Ethos der Schuld, der Reue und der Wiedergutmachung; es verschont weder die Götter noch die Menschheit. Es ist ein Drama über den Sturz aus der Gnade und der Erhebung (über das Menschlich-Sterbliche), und somit auf bemerkenswerte Weise angebracht für eine Gegenwart, die mir gelegentlich vorkommt wie der perverse Entschluss, ein Jahrhundert weltweiter Anomie, der Auflösung aller sozialen und moralischen Leitideen zu verlängern – von Nord bis Süd, von Ost bis West, von Ruanda bis Tschetschenien, von Palästina bis Sierra Leone. Und die Frage, die dieses Fest an uns stellt, ist die: Wenn schon die Götter Entschädigung leisten, können wir Sterblichen es dann wagen, zu weniger bereit zu sein?

Die Herausforderung Südafrika

Für lange Zeit noch wird die südafrikanische »Wahrheits- und Versöhnungskommission« eines der mutigsten Vorbilder sozialer Heilung bleiben, ein Vorbild, an dem man andere Experimente dieser Art messen wird. Egal welche Bedenken wir auch gegenüber dieser Initiative haben mögen, soviel bleibt sicher: Für ihre Zeit war sie ungewöhnlich, und sie kam völlig unerwartet. Sie war kühn, human und einzigartig – aber auch verunsichernd. In höchstem Maße verunsichernd, und doch erhebend – vor allem, und dies in nicht geringem Masse, dank der aufrichtig-tiefen Menschlichkeit einiger der Opfer.

So wie die menschliche Natur – deren bloße Existenz einige ja leugnen: für diejenigen unter uns also, die ihre Wirklichkeit anerkennen – so, wie die menschliche Natur nun einmal ist, bleibt jenes Individuum außergewöhnlich, das – ob Mann oder Frau – für sich selbst und ohne eigens dazu aufgefordert zu werden, feststellt: Ja, es ist wahr. Ich habe auf ungerechte Weise profitiert, hier ist wenigstens etwas von diesem unrecht erworbenen Gewinn, das möchte ich den Beraubten rückerstatten. Davon habe ich sehr wenig gesehen! Als ich mir Filmdokumente der südafrikanischen »Wahrheits- und Wiedergutmachungskommission« ansah und mir mit geradezu morbider Intensität die Gesichter, Gesten und das Verhalten der Folterer, Mörder und anderen Kriminellen vor Augen führte, die um Amnestie einkamen, da wartete ich auf geradezu unerträgliche Weise auf jenen außergewöhnlichen Augenblick, in dem einer von ihnen sagen würde: »Was ich getan habe, ist nun einmal geschehen, was aber verlangt die Gesellschaft von mir? Was kann ich tun, um Abbitte zu leisten in der Zeit, die von meiner miserablen Existenz noch übrigbleibt?« Dieser Augenblick kam nie. Nicht ein einziges Mal wurden solche Worte ausgesprochen. Nicht ein einziges Mal kam ein praktischer Vorschlag der Art wie: »Gibt es ein Kind eines meiner Opfer, das ich adoptieren könnte? Vielleicht nicht direkt adoptieren, nicht als Ersatz-Elternteil, doch gerne würde ich einen Teil meines Einkommens für die schulische oder berufliche Ausbildung dieses zum Waisen gemachten Kindes, des unglücklichen Opfers meiner Taten, anbieten.« Nein, jeder vor der Kommission auftretende Täter trachtete nur nach einem einzigen: absolute Absolution für die begangenen Verbrechen.

Das südafrikanische Experiment war eines, das wir im damaligen Kampf für die Demokratie in Nigeria mit angespannter Aufmerksamkeit verfolgten, uns fragend, ob das südafrikanische Vorbild uns als Wegweiser dienen könnte für die Richtung der neuen Gesellschaft und der neuen sozialen Beziehungen, die über der Blutlache und dem Beinhaus unserer Vergangenheit errichtet werden müssen. Wir sahen uns die Fernsehberichterstattung über die »Wahrheitskommission« an – in der frühen Phase der öffentlichen Anhörungen sahen wir sogar, wie Bischof Tutu untröstlich zusammenbrach, überwältigt von den Zeugenaussagen über die Entmenschlichung, der seine Landsleute ausgesetzt gewesen waren. Ich suchte nach Anzeichen der Reue unter den verschiedenen Gewalttätern und Bittstellern um Amnestie, nach irgendeiner glaubwürdigen Äußerung der Reue, auch nur dem geringsten Schimmer einer einsetzenden Wandlung, erwartungsvoll einem Zeichen der Integrität, das über die Angst, nach dem Schlussdatum für das Eingestehen der Verbrechen doch noch entdeckt zu werden, hinausgegangen wäre. Ich suchte nach einem Schimmer der Wandlung, die eingesetzt haben könnte, selbst noch nach dem zynischen Entschluss, von der Amnestie-Formel zu profitieren, nach dem berechnenden Schritt, eine öffentliche Maske der Reumütigkeit anzulegen, einem Schritt, der ja später vielleicht doch noch zu einer inneren Überprüfung des Ichs führen würde, und der so die bis dahin Unerlösbaren doch noch erlösen könnte. Kurz gefaßt suchte ich nach einem Augenblick echter Konversion vom Saulus zum Paulus, der das Verfahren verwandeln und damit ein ansteckendes Wunder verkünden würde – ich fand keinen, nicht einen solchen Augenblick, nicht einmal die Möglichkeit eines solchen. Bei den Gewaltopfern, den Opfern, ja, bei denen konnte man beobachten, wie sich das berechtigte Gefühl der Rache in die Haltung der Vergebung auflöste, doch bei den Gewalttätern nahm ich keine solche Wandlung wahr.

Nun müssen wir uns daran erinnern, dass es sich hier um ein Mammut-Vorhaben handelte, ein Vorhaben, das die Zeugenaussagen von 15.430 Opfern und die Geständnisse von 7.041 Tätern einschloss, woraus ersichtlich wird, dass wir nur einen winzigen Teil des gesamten Verfahrens beobachten konnten; und das filmische Material, das uns verfügbar war, stellte vielleicht nur die selektive Parteilichkeit der Dokumentaristen dar. Und doch: Aus zahllosen Treffen nach dem Ende der öffentlichen Anhörungen, sowohl innerhalb als auch außerhalb Südafrikas, inklusive einiger denkwürdiger Gespräche mit einer Reihe von unmittelbaren Beobachtern der

»Wahrheitskommission« anlässlich der 50-Jahres-Feier zur Erklärung der Menschenrechte in Grenoble, glaube ich mit einiger Sicherheit schließen zu dürfen, dass die ausgewählten Filmsequenzen, die wir sehen konnten, im Wesentlichen ein getreues Abbild des tatsächlichen Geschehens boten.

In der filmischen Dokumentation der südafrikanischen Anhörungen gab es eine Szene, in der eine Gruppe von zivilen Spitzeln, ohne auch nur den Anschein von Bedauern, ja, eher mit augenscheinlichem Stolz auf ihren Professionalismus, berichtete, wie sie Kader der südafrikanischen Befreiungsbewegung ANC (African National Congress) in einen Hinterhalt lockten und gefangen nahmen, sie einen nach dem anderen folterten, während sie gleichzeitig ein Grillfest genossen. Die Opfer waren gezwungen dem Ganzen zuzusehen, bis auch sie an die Reihe kamen. Und dann gab es den unglaublichen Anblick des früheren Chefs von Winnie Mandelas Fußball-Club, der aus dem Gefängnis herbeigebracht wurde, um über seine Rolle bei der Ermordung des unglücklichen Stompie auszusagen. Schmuck gewandet und mit einer Nelke im Knopfloch tänzelte er – wenn auch mit gefesselten Füssen – in die Halle, umgeben von einer Anhängerschar, die mit ihm hereintanzte und ihn mit dem Victory-Zeichen begrüßte. Nachdem er dann den Eid geschworen hatte, begann er, grinsend und geradezu mit den Lippen schnalzend, als durchlebe er noch einmal mit genießerischem Nachgeschmack ein Festmahl, zu beschreiben, wie er seine Opfer gefoltert, sie wie Säcke in die Luft geworfen und zugeschaut hatte, wie sie hart auf den Boden knallten, bevor er sie dann zwecks endgültiger Beseitigung fortschaffen ließ. Angesichts solcher Anblicke und einer gewissen Anzahl anderer dokumentierter Interviews mit Kriminellen, die ihre Taten außerhalb der Kommission offen zugaben, bleibe ich nach wie vor überzeugt, daß die Antwort auf die nicht ausgesprochene Frage – jedenfalls eine, die ich in diesen Filmaufnahmen nie ausgesprochen sah – lauten würde: »Oh ja, unter der gleichen Umständen würde ich diese Tat genauso wieder begehen.« Spiegelt dies nun etwa nicht die Haltung einiger der Protagonisten in der Fernsehserie »Wunder der afrikanischen Welt« von Henry-Louis Gates, wider, denn das heutige Familienvermögen und die Positionen einiger dieser Personen in der heutigen Gesellschaft gründen ja eindeutig im Sklavenhandel? Es galt eben »entweder hast du versklavt oder du wurdest versklavt«, erklärten einige dieser Nachkömmlinge, wobei sie sich geradezu an der Gerissenheit der Wahl ihrer Vorfahren weideten und üppig in ihrem sozial gehobenen Status schwelgten, der alles diesen verdammenswürdigen Ursprüngen verdankt.

Die Opfer der Apartheid hingegen lassen einen demütig werden. Was verleiht ihnen bloß jene hochherzige Kraft, die Vergangenheit zu überwinden und ihren Folterern derart aufrichtig zu vergeben? Noch ganz lebhaft vor Augen habe ich jene Aufnahme von der Aussage eines bekannten ANC-Aktivisten. In einer den Zuschauer überwältigenden Weise konfrontierte er seinen Folterer mit dem breitesten denkbaren Lächeln und einer Umarmung, die eine uneingeschränkte Segnung ausdrückte. Dieses bemerkenswerte Opfer gab die Szenen seiner Qual in einer Geisteshaltung wider, die man nur als die eines Menschen beschreiben kann, der einen tiefen Frieden mit dieser Vergangenheit geschlossen hat, als eine Haltung übernatürlicher Wandlung. Kein Hass war zu verspüren – ganz im Gegenteil, die ganze Zeit lachte er, schüttelte die Vergangenheit von sich ab, und schien einfach so in sein neues Leben hineingefallen zu sein – als Verkäufer von Baby-Windeln –, wie wenn ein Stein in einen heilenden Teich fällt – ein seltsamer Vorstadtheiliger unserer Tage. Die Karriere seines Folterers wurde ebenfalls zurück verfolgt: Eine seiner bevorzugten Verhörmethoden bestand darin, seine Opfer zu zwingen, Elektrodrähte zwischen die Zähne zu nehmen; dann schloss er den Strom an und sah zu, wie sie aus ihrer Haut fuhren und sich vor Schmerzen wanden. Und um dann seinem Spaß die Krone aufzusetzen, fuhr er schließlich damit fort – so seine eigenen Worte – seine Opfer zu befragen, wie sich das anfühlte!

Diese Großherzigkeit – das heißt die des Opfers – war jedoch keineswegs einhellig. Nehmen wir zum Beispiel die Familie einer jungen weiblichen Aktivistin, die während ihres Verhörs gefoltert worden, dann in den Kopf geschossen und heimlich begraben worden war – wie Hunderte anderer Opfer. Ihre Folterer, das heißt die Mitglieder der Geheimpolizei, verbreiteten dann die Geschichte, sie sei ein Spitzel gewesen – mit dem Ziel, ihre Familie zu überzeugen, sie habe untertauchen müssen, um der Bestrafung mit einem brennenden Halsband[39] zu entkommen. Die Familie dieses Opfers bekundete keine Neigung zum Vergeben. Allerdings war es so, dass vor allem der Vater des Opfers ein tiefes Gefühl inneren Friedens durch die Ehrenrettung seiner Tochter erlangte. Über Jahre hatte er mit dieser Ungewissheit gelebt, ja, einem Gefühl der Resignation und der Hinnahme der verräterischen Lebensgeschichte, die seiner Tochter angedichtet worden war. Sein Schamgefühl hatte sich tief und bitter in seine Seele gebrannt. Und jetzt kam endlich der Augenblick der Rückgabe – nicht nur ihrer sterblichen Überreste, sondern auch ihrer Ehre. Ihre Mörder gestanden offen ein, wie mutig sie gewesen war, wie sie widerstanden hatte, unter der Folter zusammen zu brechen, worüber sie ebenfalls genaue Details nann-

---

[39] Mit Benzin gefüllter brennender Autoreifen.

ten. Dann führten sie die Familie an das Grab, wo man die Überreste fand und den Nachweis eines deutlichen Einschussloches im Kopf. Mit ihrer erneuten Beerdigung, dieses Mal mit allen Ehren, fand der Vater endlich seinen Frieden, und so fanden ihn – jedenfalls in einem gewissen Ausmaß – auch die übrigen Mitglieder der Familie. Die Mutter aber war nicht in einer Stimmung des Vergebens. Ich kann ihnen nie und nimmer vergeben, sagte sie immer und immer wieder, und ich werde mich ganz gewiss gegen jede Amnestie aussprechen.

Und dann hatten wir, allein um auch die andere Seite der Medaille zu zeigen, die Aussage des weißen Witwers, der der Überlebende eines bewaffneten Angriffs von drei ANC-Kämpfern gegen eine rassisch getrennte weiße Kirche war. Die Kämpfer stürmten die Kirche, warfen Handgranaten und eröffneten ziellos das Feuer auf die Gottesdienstbesucher. Die Ehefrau dieses Zeugen war unter den Opfern, sie wurde direkt an seiner Seite niedergeschossen. Die Szene der gerichtlichen Gegenüberstellung zwischen ihm und den drei jungen Mördern war surreal. Der Witwer saß auf einer Bank hinter den dreien, als sie ihre Aussage machten. Als sie geendet hatten, nachdem sie die Motive des Angriffs erklärt hatten, bat er sie alle, sich umzudrehen und ihn anzusehen. Einige wenige Augenblicke lang gab es eine stumme, fast ausdruckslose Konfrontation. Der Mann, der seine Frau verloren hatte, fragte sie, ob sie sich an seine Frau erinnerten, beschrieb welches Kleid sie an diesem Tag getragen hatte, wo sie gestanden hatte, als sie sie erschossen. Einer von ihnen antwortete. Aus der Position, wo das Opfer gestanden hatte, schloss er, dass er es gewesen sein musste, der die Schüsse abgefeuert hatte, die die Frau töteten. Der verwitwete Mann stellte ihnen eine oder zwei weitere Fragen, dann sagte er zu ihnen: «Ich vergebe euch. Ihr sollt wissen, dass ich euch vergebe. Aber ihr braucht auch die Vergebung Gottes für eure Tat, und um die, um die müsst ihr Gott selbst bitten.«

Dem Opfer die Last aufbürden

Eine über die Gesellschaft hinaus ragende moralische Kraft gehört in die geweihten Bereiche der Heiligen und der gütigen Götter, doch die Gesellschaft kann – warum eigentlich nicht – auf jeden Fall versuchen, ihre moralischen Werte auf eine Ebene zu bringen, die die Instinkte ihrer Bürger hinter sich lässt und so ihre Menschlichkeit in unbekannte Höhen hebt. Und ganz pragmatische Erwägungen könnten die Aufhebung der gesellschaftlichen Gesetze erforderlich machen, damit durch die rigorose Anwendung der rechtlichen Regeln nicht das Gewebe aufgelöst wird, das die Gesellschaft zusammenhält. Wir kennen ja durchaus besondere Umstände, in denen genau die Bedingungen, die das Überleben einer Gesellschaft garantieren, mit den Forderungen nach Gerechtigkeit in Widerspruch geraten können – mit anderen Worten, es gibt Situationen, in denen das Recht, wenn wir es subjektiv umsetzen oder wenn es nach den strikten Gesetzen der Gesellschaft in ihrer klinischen Reinheit gehandhabt wird, geradezu den Zusammenhalt oder das Überleben dieser Gesellschaft gefährden kann. Den Fall Südafrika können wir mit Fug und Recht als zu dieser letzteren Kategorie gehörig betrachten, und das südafrikanische Beispiel bietet somit eine gänzlich andersartige Grundlage für die Überlegungen bezüglich der Forderungen nach Versöhnung.

Bereitwillig konzediert wird deshalb der *realpolitische* Hintergrund für einige der Versöhnungsstrategien – gewisse Zugeständnisse müssen eben gemacht werden, wenn auch mit zusammengebissenen Zähnen und einem kochenden Herz. Andere Wege des Entgegenkommens sind es durchaus wert, strittig diskutiert zu werden, darunter das, was ich gerne als die psycho-theologische Veranlagung des Opfers bezeichne. Und damit sind wir dann auf einem eher problematischen Terrain voller Fallgruben angelangt. Wir wollen deshalb von bekannten und getesteten Grundlagen ausgehen. In einem Gerichtsprozess wird die Gewährung von Strafminderung häufig gebunden an eine Berücksichtigung des mentalen Zustandes des Gewalttäters im Augenblick seines oder ihres kriminelles Aktes. Nicht nur der Anwalt des Beschuldigten plädiert mit dem Hinweis auf eine vermutlich verminderte Zurechnungsfähigkeit für eine Strafminderung; selbst der unparteiische Schiedsrichter, der Richter kann, nachdem er das Verhalten des Angeklagten oder die Umstände eines Verbrechens erwogen hat, vor dem Verfahren oder in dessen Verlauf vorschlagen, dass eine solche Person einer psychiatrischen Untersuchung unterzogen werde. Ist der Angeklagte überhaupt fähig, sich einem Gerichtsprozess zu stellen? War er oder sie zum Zeitpunkt der Tat psychologisch im unverminderten Besitz seiner Zurechnungsfähigkeit?

Was die andere Seite angeht, das heißt, die des Opfers, so wissen wir, daß vor dem Urteilsspruch Zeugen, einschließlich der Opfer selbst – wenn diese denn die Attacke überlebt haben – manchmal aufgefordert werden, die Schwere des Angriffs und das Ausmaß des ihnen zugefügten Leidens zu schildern. Diese Aussage hilft den Geschworenen, das Gewicht der Strafe festzusetzen, die dem Aggressor auferlegt werden wird. Nie jedoch befasst sich das Gericht mit dem psychologischen Zustand des Opfers, wenn es feststellt, ob ein solches Opfer nun fähig ist oder nicht, sich dazu zu äußern, welche Form von Bestrafung dem Gewalttäter zuteil werden sollte – nicht einmal in der islamischen Rechtsprechung, in der es den Verwandten des Opfers erlaubt ist, darüber zu entscheiden, ob ein überführter Mörder weiterleben oder ob ihm durch das Zahlen von Blutgeld Strafnachlass gewährt werden soll. Mit anderen Worten, das Gericht schickt das Opfer – oder seine Vertreter – nicht zum Psychiater oder zum Theologen, um festzustellen, ob er oder sie – sei es nun ethisch oder psychologisch – im Vollbesitz seiner Sinne ist, um seinerseits auf Vergeltung oder Vergebung zu plädieren. Dem Abwägen von Vergebung oder Entschädigung gebührt aber ein eigener Raum oder ein eigener Gerichtshof für die ethischen Erwägungen. Und in dieser Art von Gericht müssen wir dann eine ehrliche Antwort auf jene Frage suchen, der bislang stets ausgewichen wurde: Ja, der Ankläger kommt seiner ihm vom Gesetz vorgeschriebenen Pflicht nach, wie aber sieht die geistige Verfassung des Opfers oder – falls das Opfer tot ist – die geistige Verfassung der Fürsprecher dieses Opfers aus? Die seelische Verfassung seiner oder ihrer Verwandten, Liebhabers usw.? Sollten wir in Bezug auf diese nicht dieselben Fragen stellen wie wir sie an den Täter stellen? Mit anderen Worten: Hat die Auswirkung eines Verbrechens, des Traumas sie nicht (auch) in die Kategorie versetzt, die wir als eine »verminderte Zurechnungsfähigkeit« beschreiben? Sind sie wirklich in der Lage, in einer der beiden Richtungen zu plädieren – für Vergebung, oder für das »Auge um Auge«?

Man nehme nur einmal die Zeitungen eines beliebigen Tages zur Hand, und wie lautet die häufigste Reaktion des Opfers – oder der Familie des Opfers – auf die Frage: Was soll mit dem Täter geschehen? In den Vereinigten Staaten jedenfalls lautet die Reaktion, die ich am häufigsten anzutreffen scheine: »Ich möchte ihn in genau derselben Art und Weise leiden sehen, in der er meine Tochter, meinen Sohn, meinen Verwandten leiden ließ, bevor er oder sie starb.« In einem besonders scheußlichen Mordfall war die Mörderin ein junges Mädchen, und sie wurde zum Tode verurteilt. Als der Vater des Opfers interviewt wurde, sagte er: »Ich wünsche nicht nur, dass die Mörderin stirbt; wenn die Vollstrecker des Todesurteils Hemmungen haben, den Hebel für den elektrischen Stuhl umzulegen oder die tödliche Injektion zu setzen, dann bin ich bereit, dies selbst zu tun.« Aus der Sicht mancher Katechismen würde man eine solche Reaktion als schockierend einschätzen. Doch von Zeit zu Zeit treffen wir auf die entgegengesetzte Reaktion. Dann werden wir mit der Stimme jener nur allzu seltenen Menschlichkeit konfrontiert, deren Antwort lautet: »Nein, ich habe ihm vergeben. Ich will nicht sein Leben. Ich wünsche keinen Tribut. Alles was ich wünsche ist, die Teile meines zerstörten Lebens wieder zusammen zu fügen und weiter zu machen.« Wo immer diese letztere Reaktion angetroffen wird, neigen viele dazu, diese Haltung im Vergleich zur ersteren als die noblere zu erklären.

Die Frage, die wir uns (dabei) nicht zu stellen scheinen, ist die: Haben wir das Recht, dem Opfer die zusätzliche Last der *Wahl* aufzubürden? In Beantwortung dieser Frage müssen wir nur das gleiche Prinzip eines »vermutlichen Zustandes verminderter Zurechnungsfähigkeit« auch auf das Opfer anwenden, oder auf dessen Vertreter – Eltern, Liebhaber, Nachkommen –, deren psychologische Verfassung noch weit problematischer als die des Täters sein mag. Hier sehen wir uns möglicherweise einem verminderten Gefühl sozialer und/oder ethischer Verantwortlichkeit gegenüber. Tief im Innern der meisten menschlichen Wesen ist, so glaube ich, die Sehnsucht danach versteckt, sich über das zu erheben, was wir – worüber noch zu streiten wäre – als die »niedrigeren Empfindungen« bezeichnen, womit wir Empfindungen wie Hass, Rache usw. meinen. Dessen ungeachtet wird der Kodex der Vendetta – selbst heutzutage und das in vielen Gesellschaften – immer noch als ein bindender Ehrenkodex für das reale Leben angesehen. Doch selbst wenn wir uns diesem extremen Status sozialer Zwänge entziehen, sehen wir uns dennoch gezwungen anzuerkennen, dass die Auswirkungen eines Traumas, selbst Jahre nach dem eigentlichen Ereignis, ja, selbst nach einer ganzen Lebenszeit, den Urteilsspruch beeinträchtigen können, weil das Trauma einen Zustand des Solipsismus, der Ich-Bezogenheit, schafft, einen Zustand, in dem die Welt sich allein um unser Ich dreht und in dem alles außerhalb unseres Gefühlsuniversums aus der Wirklichkeit ausgeschlossen wird. Die Konsequenzen und Begleiterscheinungen unserer *Wahl* werden irrelevant, ja sogar impertinent-aufdringlich. Aus unserem unmittelbaren Leiden schließen wir den Rest der Gesellschaft aus, oder auch die Zukunft. Dies ist die Geisteshaltung, die dem allgemein akzeptierten Zustand «verminderter Zurechnungsfähigkeit« entspricht, ein Zustand, der normalerweise berücksichtigt wird, wenn es darum geht, den Faktor Strafminderung zugunsten eines Täters zu bestimmen. Die Theologie des »Leben gegen Leben«, wenn sie vom Opfer oder seinem Anwalt herangezogen wird, spiegelt lediglich die Konditionierung jenes Kopfes wider, der sich auf diese Theologie beruft. Genauso verhält es sich bei der Berufung auf die entgegengesetzte Theologie, die besagt, es sei »edler, zu vergeben«. Was aber sagt die Wahl dieser oder jener Theologie dann über die objektiven Untersuchungen zur Wiederherstellung von Recht und Gerechtigkeit aus, oder ihre sozialen Mechanismen? Nichts, oder lediglich die Möglichkeit, dass beide Geisteshaltungen vielleicht nicht zwingend rational sind. Dass eine dieser Theologien jeweils zufällig dem entspricht, was immer das Gesetz in einer solchen Angelegenheit entscheidet – Strafminderung oder Bekräftigung des Urteilsspruches –, macht eine solche Geisteshaltung nicht zu einem objektiven Zuverlässigkeitstest bei der Bestimmung des geeigneten Weges hin zur Gerechtigkeit. Wie aber könnte dann die Antwort auf ein solches Dilemma lauten?

Ganz klar ist: Wir können uns nicht auf die »Gefühle« – rachsüchtig oder vergebend – der Opfer verlassen, um zu einer gerechten Antwort auf die gegen welches Individuum in der Gesellschaft auch begangenen Verbrechen zu gelangen. Ich schlage deshalb vor, dass nur eine kompromisslose »Sozialisierung« des gewaltsamen Ereignisses uns davor bewahren kann, in das von dieser theologischen Rivalität gegrabene Loch zu fallen. Mit anderen Worten, die Gewalt gegen ein Individuum oder eine Gruppe von Menschen muss Teil eines holistischen, ganzheitlichen Bewusstseins werden und somit eine Antwort auslösen, die in erster Linie auf der Einsicht gründet, dass die Gemeinschaft als Ganzes kollektiv angegriffen wurde. Will heißen, wir sehen Verbrechen an Personen nicht mehr allein als Akte gegen ein Individuum oder gegen Individuen, sondern gefühlsmäßig als Herausforderungen des gesellschaftlichen Gesamtwohls – ja, selbst der gemeinschaftlichen Existenz. In vielen Kulturen der Welt ist dies eine gesellschaftlich akzeptierte Norm; diese Sicht der Dinge liegt vielen traditionellen Strukturen der Gerechtigkeit und der Wiedergutmachung zugrunde – die rituelle Formel »*Der Staat gegen ...*« ist lediglich ein schwaches Echo jener eher grundsätzlichen Übereinkunft. Doch nun müssen wir noch einen Schritt weiter gehen und akzeptieren, dass bestimmte Verbrechen, ihrer Natur nach, über die Grenzen der unmittelbaren Gemeinschaft hinausreichen und deshalb eine weiter gefasste, letztendlich von globalem

Bewusstsein geprägte Rechtsprechung erfordern. Erst wenn wir diesen Weg beschreiten, können wir möglicherweise, und zwar in einer umfassenden Weise, beginnen, sowohl die Argumente subjektiver Rachsüchtigkeit als auch die Seligpreisung einer Vergebungstheologie zu eliminieren.

Eine globale Dimension

Fügen wir nun all dem noch jene bereits genannte Situation hinzu, in der die Anklage der Waagschalen des Gesetzes und der Narben kollektiven Erinnerns zum Schweigen gebracht werden muss, um den Überlebenscode zur Geltung kommen zu lassen – das heißt, die pragmatischen Bedürfnisse nach gemeinschaftlichem Zusammenhalt und Aussöhnung zu befriedigen. Mit den ersten zaghaften Schritten innerhalb eines Bereiches der Globalisierung ist die Antwort auf diese widersprüchlichen Forderungen bereits gegeben worden: indem gewisse Arten von Verbrechen globalisiert werden – das heißt, indem wir anerkennen, dass es bestimmte Verbrechen gibt, die über die Grenzen, in denen sie ursprünglich begangen wurden, hinaus reichen. Eine solche Feststellung wirkt dermaßen einfach, das sie fast schon banal klingt; doch werden die Staaten der Welt ja bereits lange von der Tendenz geplagt, nach den falschen Regeln eines kriminellen »Separatismus« zu leben – und wir dürfen auch nicht vergessen, dass die Gebote absoluter Gerechtigkeit immer schon durch politische und ideologische Vorurteile unterminiert wurden. Diese Vorurteile mögen – in nicht geringem Ausmaß – zur Fähigkeit der Staaten beigetragen haben, seit geraumer Zeit bei der Verfolgung von Bankräubern, Mördern, Drogenhändlern, Betrügern und Betrügerinnen, Vergewaltigern, ja sogar Bigamisten usw. zusammenzuarbeiten, jedoch nie, fast nie, und ganz gewiss nicht systematisch bei der Verfolgung von Verbrechen, inklusive Völkermord, die unter politischen Begleitumständen begangen werden. Straflosigkeit wurde so zu einem Synonym für Kriminalität, wenn letztere aus einer Position politischer Macht oder aus politischen Umständen erwächst. Wir können die Kultur der Straflosigkeit nicht überzeugend verdammen, solange wir den Verbrechern gegen die Menschlichkeit Straffreiheit gewähren, weil ihre Taten mit den Erfordernissen politischer Machtausübung verbunden sind, selbst des vermeintlichen Staates – wie im Fall des alternativen theokratischen »Staates« der algerischen Verstümmler und Mörder.

Bei dem zur Zeit noch tagenden Tribunal von Arusha, Tanzania[40] – bei dem die Organisatoren und Ausführenden des ruandischen Völkermordes außerhalb der eigentlichen Zone, in der die Verbrechen begangen wurden, vor Gericht stehen –, bei den in Den Haag laufenden Verfahren gegen die Kriminellen des früheren Jugoslawien und anderen ist der Antwort auf dieses Dilemma eine praktische Form verliehen worden, doch bei diesen handelt es sich um Ad-hoc-Tribunale, die sich bestimmten Verbrechen und unter bestimmten Umständen widmen. Ich bin jedoch der Ansicht, dass mit der Einrichtung des permanenten »Internationalen Gerichtshofes für Verbrechen gegen die Menschlichkeit« in Rom gegen Ende des vergangenen 20. Jahrhunderts die Weltgemeinschaft schlußendlich den manchmal im Widerstreit liegenden Anforderungen des Rechts und des Überlebens in einer höchst pragmatischen Art Genüge getan hat. Die eigentlichen Auswirkungen dieses traurigerweise ver-

---

[40] Zum Völkermord in Ruanda.

späteten Aktes globalen Willens werden noch einige Zeit auf sich warten lassen – dies wird Jahre dauern, vermutlich eine Dekade oder zwei: die Mühlen der Justiz mahlen langsam –, doch eines ist sicher: Die ersten Schüsse sind gefeuert worden auf den Bug des Schiffes der Straflosigkeit, indem der General Pinochet in einem Land festgesetzt wurde, das nicht sein eigenes ist, und eines, in dem er früher ein geehrter Gast gewesen war. Es ist unerheblich, dass dem General schließlich doch erlaubt wurde, zu seinen Bewunderern und Komplizen zurück zu kehren; die Bedeutung dieses Ereignisses liegt darin, dass sogar das Prinzip der Amnestie, einer (gewöhnlich unter Zwang) ausgehandelten Amnestie ungültig gemacht wurde. Wir können in der Gewissheit weiterarbeiten, dass Amnestie (künftig) nicht (mehr) global ist. Amnestie kann (künftig) nur noch innerhalb der geographischen Grenzen eines Landes, das der Aussöhnung bedarf, als erlaubt angenommen, angeboten und garantiert werden. Ähnlich wie Hissen Habré aus dem Tschad, der sich auf der Anklagebank im Senegal wiederfindet, mögen die einst allmächtigen Herren einer durch die Nation gesicherten Straflosigkeit mehr und mehr entdecken, dass das Territorium universaler Straflosigkeit zu schwinden begonnen hat, weil die Welt anerkennt, dass Gewalt gegen ein Mitglied der menschlichen Gemeinschaft ein Gewaltakt gegen die gesamte Menschheit ist.

Die Erwartung stellt sich somit wie folgt dar: Nationen mag künftig die schmerzende Wahl zwischen Gerechtigkeit und Überleben erspart bleiben, weil die Härten der Gerechtigkeit und der Begleichung von Schulden über ihre nationalen Grenzen hinaus verlagert werden, während der Prozess der Heilung im Innern weitergeht, unbelastet durch die schreienden Gebote der Sühne und der Wiedergutmachung. Nehmen wir Ruanda als Beispiel, oder das frühere Jugoslawien, wenn es denn intakt überlebt hätte: Beide bedürfen verzweifelt dieser Heilungsperiode, eines Zeitraums, in dem die Wiederherstellung des sozialen Gewebes der Nation nicht durch die Gefühle unbefriedigter Forderungen nach Blutzoll gestört werden darf. Das gegenwärtige Tribunal in Arusha würde so ein permanenter Zweig des »Internationalen Gerichtshofes in Rom« werden, zu dem alle Verdächtigen des ruandischen Massakers, egal auf welcher Seite auch, geschickt würden, um Platz zu nehmen an der Seite der unbußfertigen Schergen der Apartheid und Typen ihrer Gattung von überall auf dem Kontinent. Dies beinhaltet: Wir würden zwar nicht wissen, wann der Spezialist im Grillen von Menschen, der sich an den Stränden der Riviera oder Kaliforniens herumtreibt, im Vollgefühl eines wohlverdienten Urlaubs fern vom Trauma des »Wahrheitstribunals«, die schwere Hand des Gesetzes auf seinen Schultern zu spüren bekommt, als Ergebnis beeidigter Aussagen eines oder mehrerer seiner Opfer; doch allein schon diese Möglichkeit – und sei es in zehn, zwanzig Jahren –, allein diese Aussicht ist bereits ein Schritt nach vorne in Richtung auf die Beendigung des teuflischen Kreises der Straflosigkeit. Der Staat mag gezwungen gewesen sein, solchen Kriminellen seine Absolution zu erteilen, doch eine solche Absolution bleibt allein innerhalb der Grenzen dieses Staates wirksam.

So entwickeln wir eine gewisse »Kohabitation« – ein Zusammenleben der »Wahrheits- und Versöhnungs-Theologie« mit den Erfordernissen von Wahrheit und Wiedergutmachung. Die mit der Entwicklung einer globalen Entschlossenheit konfrontierten Angeklagten werden sich gezwungen sehen, eine Wahl zu treffen: mit den lebenslang wie ein Damoklesschwert über ihren Häuptern hängenden Forderungen nach Entschädigung zu leben oder, als eine Grundbedingung der Versöhnung, die Bedingungen ihrer Buße auszuhandeln. Das südafrikanische Beispiel hat zweifelsohne einen gangbaren Weg hin zur sozialen Heilung gewiesen, einen einmaligen, niemals vorher begangenen Weg, einfallsreich und heroisch in der Entschlossenheit, einen langwährenden Konflikt zu beenden und menschliches Leiden zu mindern. Doch Südafrika ist auch eine Nation, die auf vielfache Weise einzigartig ist, und sein Weg hin zur Heilung ist keiner, den andere Staaten mit einem sozialen Riss auf sichere Weise beschreiten können, ohne eine gewisse Veränderung vorzunehmen. Diese Veränderung, so glaube ich, findet sich im Ethos der Wiedergutmachung: Wahrheit, Wiedergutmachung und erst dann – Versöhnung. Es ist eine Trilogie, die nichts Außergewöhnliches an sich hat, da sie nicht der Rache das Wort redet, nicht das »Auge um Auge« fordert, sondern statt dessen die Anwendung einfallsreicher Vorstellungen für die Wiederherstellung des sozialen Gefüges einfordert – die von den Reinigungsriten alter Gesellschaften, Opfergaben für die ruhelosen Geister der Gewaltopfer reichen bis hin zu deren neuzeitlichem Äquivalent in Form des Verlustes bürgerlicher Rechte, Ableistung sozialer Arbeitsstunden, zu Geldstrafen und Bußzahlungen, der freiwilligen Ablieferung oder der zwangsweisen Wegnahme von Eigentum zur Rehabilitierung der Opfer, oder Übergabe solchen Besitzes an die Gemeinschaft als Entschädigung für das durch die Gemeinschaft erlittene Trauma. Erst dann können die Bücher im wahrhaftigen Geist der Versöhnung geschlossen werden.

Eine uralte Gewalttat

Ich kann diese Betrachtung unmöglich beenden, ohne eine sehr alte Schandtat, eine Schandtat universalen

Ausmaßes zu erwähnen, zu der ich bislang nur flüchtige Anmerkungen gemacht habe. Das Gedächtnis wird von dieser »unerledigten Angelegenheit« zwischen Afrika und Europa nicht ablassen, dies muss einfach zur Kenntnis genommen werden, und dies ungeachtet der häufig gehörten Behauptung, wonach sich die schwarze Rasse seither über dieses geschichtliche Ereignis »hinausbewegt« habe, und dass man deshalb die schändliche Geschichte dieser Vergangenheit in Frieden ruhen lassen sollte. Im Verlauf dieser Argumentation werden dann die vereinzelten Leistungen der Rasse erwähnt in einem Versuch, die kollektiven Narben im Gedächtnis verschwinden zu lassen, oder aber die Intensität des aus dem Erinnern herrührenden Verlangens nach Wiedergutmachung zu vermindern. Dies ist jedoch, leider, nur eine weitere Art von Revisionismus, dieses Mal durch einen Prozess, der die Einzelerscheinungen für die historische Gesamtentwicklung ausgibt – und ein solches Vorgehen bleibt unhaltbar. Gewiss, es ist durchaus möglich darauf hinzuweisen, dass heute ein Afrikaner, ein schwarzer Mensch, an der Spitze jener als Vereinte Nationen bekannten politischen Weltorganisation steht. Und bevor der dorthin gelangte, wurde die Schwesterorganisation, der Arm der Vereinten Nationen für Wissenschaft, Kultur und Erziehung, die UNESCO, bereits zwei Amtszeiten lang ebenfalls von einem Afrikaner (dem Senegaler Moctar M'Bow) geleitet. Genau in dieser Zeitspanne aber kam die erschreckende Geschichte der schwarzen Opfer des Syphilis-Experiments in Tuskeegee, USA, zum Vorschein, eine Enthüllung, die dem Selbstbildnis des weißen Amerika eine weitere Schamscharte verpasste, genauso wie dieses Experiment der ohnehin bereits schwer geprüften Psyche der schwarzen Völker weitere Risse zufügte. Und doch lösten, etwa zur gleichen Zeit wie diese Enthüllung, die Berichte von den heroischen

Leistungen schwarzer Piloten im Zweiten Weltkrieg eine Springflut des Stolzes über bis dahin unterdrückte Leistungen der Sklavennachkömmlinge in den Vereinigten Staaten aus. Ein Schwarzer[41] führte die Armeen eben dieses Landes in einer kritischen Zeit, und er koordinierte eine Kampagne, die im spektakulären Sieg einer Seite im Konflikt (dem Golfkrieg) resultierte. Doch es war genau in dieser Zeit, dass die Menschen auf dem afrikanischen Kontinent gesellschaftliche Rückschläge erschütternden Ausmaßes in Gestalt zügelloser schwarzer Diktatoren erlitten – von Mobutu Sese Seko über Idi Amin bis zu Sanni Abacha –, gar nicht zu reden von der Desintegration einstiger nationaler Einheiten wie Somalia, den Bürgerkriegen in Liberia, Sierra Leone und anderswo, in denen die elementare Menschlichkeit jede Relevanz verlor. Die bloße aufzählende Aneinanderreihung erfolgreicher Einzelpersonen kann also nicht eine gemeinschaftliches Vorhaben ersetzen, das darauf abzielt, eine lange Geschichte der Entmenschlichung der Rasse wieder gutzumachen.

Und doch bedarf die Menschheit des Abschlusses; hier handelt es sich um ein tiefes, aus dem Bauch kommendes Bedürfnis. Es definiert das, was Gemeinschaft ausmacht und garantiert ihre Kontinuität, gibt ihren Strategien des Überlebens – und der stetigen Erneuerung – Gestalt. Vielleicht erklärt uns dies die Bedeutung des Wortes *settlement*[42] in einer Art und Weise, in der dieses Wort gewöhnlich nicht gemeint ist. Ganz sicherlich ist der Instinkt zum Nomadisieren im Menschen die Ausnahme – jedenfalls wissen wir, dass Nomadentum gewöhnlich eine Antwort des Menschen auf das Klima und seine Unwägbarkeiten ist. Die instinktive Neigung zum

---

[41] Der General Powell, seit Anfang 2001 erster schwarzer Außenminister der USA.
[42] Im deutschen Wörterbuch: Niederlassung, Siedlung aber auch: Lösung, Klärung, Beilegung einer Kontroverse.

Abschluss, zum Sich-Niederlassen (*settling*) und zum Besiegeln, Abschließen einer Phase der Ungewissheiten gilt ebenso sehr für Ideen und die menschliche Erfahrung, wie er auf die materiellen Schöpfungen der Menschheit zutrifft, und auf die Menschheit als solche. Dies erklärt uns auch, weshalb wir dazu neigen, das Ende von Zeitaltern – Neues Jahr, Jahrhundert, Millenium – hervor zu heben, sogar das Ende von Zeitaltern zu feiern. Selbst dann, wenn wir die neue Ära noch tiefer verschuldet betreten als wir die vergangene verließen, fühlen wir uns doch, und sei es auf irrationale Weise, getröstet durch ein Gefühl des Abschließens einer Lebensphase, die ihre Existenz außerhalb unseres eigenen Wollens abschloss. Dessen ungeachtet ergreifen wir von dieser Phase Besitz. Und zudem gibt es eine Art Drang zur Nachahmung – zumindest beteiligen wir uns alle an diesem unpersönlichen Phänomen und versuchen, an seiner Substanz teilzuhaben, indem wir uns daran machen, offene Angelegenheiten zu erledigen, das alte Kapitel abzuschließen, und Beziehungen und Vorhaben neues Leben einzublasen. Der (psychologische) Extrakt aus diesem Gefühl des Abschließens mit einer bestimmten Phase aber ist ein Gefühl der Befreiung, der Katharsis, das Gefühl eines Übergangs, das sowohl vom Psychologen als auch vom Tragödiendichter als der wahre Auftakt zur Heilung anerkannt wird.

Wir haben eingeräumt, dass wir, wenn wir die Gesichter einer aus dem Gerichtssaal kommenden Familie sehen – zutiefst traumatisiert, nachdem sie gerade das Urteil über den Täter gegen ein Familienmitglied vernommen haben –, aus diesen Gesichtern einen primitiven Rachedurst lesen. Tiefer darunter aber können wir ein profundes Gefühl der Befreiung aufspüren, das Ablegen einer Last, ein Gefühl, das aus dem Erlebnis des Abschließens resultiert. Und dann wissen wir, dass von diesem Augenblick an der wahre Heilungsprozess beginnen kann. Gemeinschaften verhalten sich da nicht anders, egal wie groß sie auch sein mögen, egal wie weit verstreut sie auch sein mögen,[43] egal wie weit ihr Gefühl für angetanes Unrecht auch zeitlich zurückreichen mag.

Selbst die Götter leisten Wiedergutmachung. Dies bedeutet, daß selbst die Götter Schuldhaftigkeit eingestehen. Von der vergifteten Menschlichkeit Ruandas bis hin zur mörderischen Kleptokratie der militärischen Despoten Nigerias vermittelt dieses Wissen uns jene Regeln für die geringfügige, aber entscheidende Kursveränderung, die unser Kontinent noch nötig hat, um jenen wahren Status der Befreiung zu erreichen, der der Lohn eines erfolgreichen Heilungsprozesses ist. Und natürlich ist Europa auch Teil der menschlichen Rasse – jedenfalls möchten wir dies so annehmen –, und deshalb hat Europa die Verpflichtung, den gleichen Weg zu beschreiten, auf der Suche nach einem Abschluss mit seiner schändlichen Vergangenheit, in der es einer ganzen Rasse ihre Menschlichkeit absprach, wobei Europa sich sogar auf göttliche Autorität – das Christentum – berief, um in dieser ganz irdischen Welt ein Vorhaben wirtschaftlichen Wohlstands zu verfolgen. Afrika seinerseits muss sich von der Vergangenheit befreien, indem es sich offen einer Epoche der Schande und des Vergehens gegen seine eigenen Menschen stellt, und zwar in einem essentiellen Akt der Selbst-Reinigung und einem Präludium zur vollen Wiederherstellung seiner Menschlichkeit. Die massenhafte Vertreibung und die Versklavung der afrikanischen Völker aber ist ein Albatross im Nacken Europas und seiner Behauptung, allein die »Zivilisation« zu repräsentieren; diese Behauptung muss ausgetrieben werden, und das Schlüsselwort lautet hier stets noch:

---

[43] Soyinka spielt hier auf die Zerstreuung der Schwarzen in der Diaspora – den USA, der Karibik und Südamerika – an.

Wiedergutmachung, auch bekannt als Entschädigung. Es ist nicht unsere Aufgabe, darauf zu insistieren, wie sie betrieben wird, obgleich es uns keineswegs an Ideen mangelt und wir keineswegs zurückhaltend gewesen sind, diese anzubieten. Doch die versklavenden Nationen – seien sie nun europäische oder arabische – sollen ihren eigenen Weg zum notwendigen Abschluss suchen. Die Rede ist hier nicht von vulgärer materieller Kompensation, keineswegs! Der menschlichen Vorstellungskraft aber mangelt es ja keineswegs an symbolischen Konzepten, die sowohl würdevoll als auch ausdrucksvoll sind – lassen wir die Suche nach solchen Konzepten deshalb Teil des Buße- und Reueaktes der Täter selbst sein.

Die Narben der Erinnerung wiegen schwer in den Waagschalen und sie verstopfen die Wege zur Heilung. Bei dem Versuch, dem Torbogen der Heilung, unter dem die gemeinschaftliche Prozession hindurchschreiten muss, eine moralische Symmetrie zu verleihen, bildet die Wiedergutmachung den tragenden Stein. Ohne ihn riskieren wir eine klaffende Lücke, die zu einem Zusammenstürzen dieses Bogens in einen Geröllhaufen führen könnte, und dies genau in dem Moment, in dem die Gemeinschaft unter ihm durchschreitet, den Blick auf einen Neubeginn gerichtet, auf Großzügigkeit vertrauend, doch blind gegenüber der Unvollständigkeit jener tragenden Doppelsäulen: Wahrheit und Versöhnung. Den Schlussstein – und sei es nur als symbolische Opfergabe – bildet die Wiedergutmachung.

NACHWORT

WOLE SOYINKA – A MAN FOR ALL SEASONS
Von Gerd Meuer

»Ob ich für diesen schreibe, ob ich für jenen schreibe? Mann, da kann ich nur sagen: früher oder später schreib' ich für jeden was ... Es ist die Gesamtheit der literarischen Produktion, der Interaktion mit der Gesellschaft, die das Leben eines Schriftstellers ausmacht, aber auch die Gesamtheit seiner Gemeinde« ...

»Mein eigener persönlicher Gott ist OGUN ... Man hat Ihnen vielleicht gesagt, dass der Gott OGUN ein vielseitiger Gott ist: Da ist der Ogun der Lyrik, der Ogun des Liedes, Ogun der Bauer, Ogun der Heiler, ja auch Ogun der Kriegsherr, Ogun der Inbegriff der Kreativität. Der ist also mein liebster Gott.«

Das war's wohl, was die Mitglieder des Nobel-Komittees dazu bewegte, 1986 den Preis für Literatur einem – jedenfalls in der Bundesrepublik bis dahin fast unbekannten – afrikanischen Autor zuzuerkennen, dem Nigerianer Wole Soyinka. Seit zehn Jahren schon hatte er immer wieder auf der Liste der ersten zehn Preisanwärter gestanden.

In diesem Jahrzehnt war seine Vielseitigkeit nur noch weiter gewachsen. Diese Vielseitigkeit des »Mannes« hat die Mitglieder der schwedischen Akademie wohl zunehmend beeindruckt: seine lyrisch-dramatische Ambivalenz, die Vieldeutigkeit des Mannes, jenseits des gängigen vordergründigen Pamphletierens, seine Oralität, seine Sprachgewalt, eine Gewalt, die er bei empfundenem Bedarf auch als Journalist, Essayist und politischer Aktivist immer wieder gegen die tagtägliche Gewalt im nach-kolonialen Afrika eingesetzt hat.

Ganz vordergründig, wenn Wole den Zwang empfand, sein Pfund als Nachfahre von Ogun, dem Lyriker, einzusetzen.

»Nun ist die Stunde des Gesangs,
die Stunde der Ekstase in der Tänzer Füße.
Des Trommlers Rufe stärken jetzt das Herz
Die Clans, sie stehen versammelt endlos da von
Berg zu Berg.
Wo Ogun stand, seht an Millionen Brauen
Dunkel Bronzen aus den Brennöfen von Abibiman
ein Ring aus Stahl, der glänzt im Schein der Sonne.
Ein Puls, der schlägt von endlos vielen Füssen,
getrieben von dem alten Ruf: SIGIDI!
An Schönheit nimmt es keiner auf wohl mit der Antilope
An Stärke steht der Elefant allein
Im Kampf da ist des Löwen Anmut heilig
Im Flug beschämt der Reiher alle Neider
Im Streite aber nimmt es keiner auf mit IHM: Ogun,
der schreitet auf den sieben Pfaden.
Ogun, der Unrecht richtend
zwar leerte Vorräte an Blut im Himmel
und dennoch wütete vor Durst.
Ich lese seine wilde Schönheit auf schwarzen Brauen
in Tiefen flüssig-feur'ger Bronze
jenseits der starren Entrücktheit ihre Blicke und zittre!
Nun, eh noch traurige Leere wiederbringt uns den Verlust
eh noch die Schilde bröckeln,
die zum Schutz der Schwachen,
nun braucht es wirklich des Gesanges und des Wortes
der Trankopfer,
gegossen aus Kürbissen der Weihe.
Anrufung, dass der Stille heil'ge Wandlung werde!
Ogun steigt auf
Nun lasst uns zelebrieren!«

Der Sprecher der schwedischen Akademie führte den damals gerade 52-jährigen Dichter, Dramatiker, Romancier, Essayisten, Dramaturgen, Schauspieler, politischen Kämpfer aus Ake in Nigerias Yorubaland so ein:

»Sein Name steht für poetische Dramen tief in der afrikanischen Erde verwurzelt, jedoch mit einer globalen Vision und von einer allgemeingültigen Konsequenz. Gedichte geschrieben in Gefangenschaft und in Freiheit; Essays, die nachdenkenswerte Sichtweisen zur Literatur und der Menschheit bieten, in denen er sich eines beeindruckenden literarischen und linguistischen Arsenals bedient: Er ist ein *writer und ein fighter*, ein Schriftsteller und ein Kämpfer für den menschlichen Geist.«

Keiner, der die afrikanische Vergangenheit, die angebliche kommunalistische Idylle vor der Ankunft der »bösen Weißen« glorifiziert. Keiner, der sich in lähmenden Wehklagen über den Neo-Kolonialismus, der angeblich auch heute noch – und allein – für alle Übel auch des unabhängigen Afrika verantwortlich ist, ergeht. Nein, »der Mann«, der bereits zweimal in seinem Leben für seine humanistischen Überzeugungen eingesessen hat – zweimal ein *detainee*, ein Häftling war und Anfang der 90er Jahre sein Land vor den Killerkommandos Abachas bei Nacht und Nebel verlassen musste – der hat stets »Granaten« geschrieben, will sie weiter schreiben:

»Ich glaube es war der amerikanische Dichter Tad Jones, der einmal gesagt hat, einige der Gedichte, die er schreibe, seien wie Kanonenkugeln- oder Granaten-Gedichte. Die seien für die sofortige Explosion bestimmt und damit habe es sich. Die sollten unter den Hintern explodieren, wissen Sie, unter den selbstzufriedenen Hintern der Leute und diese in die Luft jagen. Und damit hat sich's dann. Denn das sind eben »Granaten-Gedichte« ... Jedermann schreibt solche Gedichte. Damit zielen wir auf bestimmte Situationen ab und das ist deren einzige Rechtfertigung.

Einer Leserschaft muss etwas sehr, sehr schnell gesagt werden. Da kann es sich durchaus um einen höchst lokalisierten Vorgang handeln. Da muss die Sache sehr rasch zerstört werden oder aber dieses Anliegen muss mit allen Mitteln unterstützt werden, bevor es von den jeweiligen Feinden zerstört wird. Dann schreibst du halt Granaten. Du bringst die schnell zur Explosion, und dann vergisst du die Angelegenheit völlig ...

Und dann gibt es eben andere Sachen, die du schreibst, ganz einfach deshalb, weil diese Ideen sich schon seit langem in deinem Kopf herumgetrieben haben. Und dann hast du plötzlich die Muße, Dich hinzusetzen und darüber zu schreiben, ohne an irgend etwas Anderes zu denken als an die Wand dir gegenüber, deine Schreibmaschine und weiß der liebe Gott was noch ... Da hast du keinen Adressaten dafür, und du weißt auch nicht, wann das je veröffentlicht werden mag.

Ein Kunstwerk ist eben auch ein sozialer Vorgang. Du musst wissen, dass die Soziologie der Kunst oder des Schreibens ein wichtiger Aspekt ist, der nur allzu oft vernachlässigt wird. Wenn du erst einmal angefangen hast zu schreiben, dann scherst du dich einen Dreck darum, ob du 24 Absageschreiben erhältst, bevor dein Werk veröffentlicht wird.

Das ist dir völlig schnuppe.«

Nur so ist er zu begreifen: Wole, der Yoruba, Nachfahre einer stolzen afrikanischen Kultur, und Weltenkind zugleich. Schon früh hat er gegen die frankophone Rechtfertigungsideologie des senegalischen Dichter-Präsidenten Leopold Senghor, die Negritude, die »Tigritude« gesetzt.

Wollte heißen: Ein Tiger redet nicht von seiner Tigritude, als Tiger nimmt er sich seine Beute.

Wole nimmt sich seine Wort-Beute: Yoruba und vor allem Englisch. Die Sprache des Kolonisators gewiss, doch er »besitzt« sie: ein Vokabular von 11.000 Worten, haben die Philologen fliegenbein-zählerisch per Computer herausgefunden. Er beherrscht die Sprache Shakespeares, Chaucers und T. S. Eliots. Wole schreibt, vor allem aber LEBT er.

Von kleineren Geistern in seinem eigenen Land wurde er zu Beginn seiner zweiten Inhaftierung bereits einmal leichtfertig totgesagt: *The man died;* sein autobiographisch-literarisches Meisterwerk über zwanzig Monate Einzelhaft trägt den Titel »The man died«, der Mann ist gestorben. Der Mann aber hat überlebt. Der Mann hat einen unsäglichen Spaß am Leben. Er ist voller Sensualität: nicht nur Geist, sondern auch Körper, nicht bloß Gedanken, sondern Rhythmus; mit der Formalität einher geht das Fest, die Feier, die Freude. Neben dem universellen Renaissance-Menschen steht der barocke Lebenskünstler. Wichtig für Wole ist, immer ganz gegenwärtig zu sein, um mitzuleben und mitzugestalten.

Dass er dabei aus einem unermesslichen Schatz an Tradition und Geschichte zehrt, beweist sein Werk. Er beweist es eigentlich am besten am begeisterndsten, wenn er das in der einsamen Kammer Geschriebene vor Mitmenschen wortgewaltig vorträgt.

»In einem Artikel, in dem ich auf irgendetwas Anderes reagierte, habe ich an einer Stelle von den ›Chronologen und Ideologen‹ gesprochen. Von denen, die den Anliegen des Schriftstellers gleichsam eine gradlinige Richtung verpassen. Aus meiner ganz persönlichen Erfahrung aber kann ich Ihnen sagen, dass all diese unterschiedlichen Anliegen und Ideen immer schon und gleichzeitig da waren. Ich bin der Meinung, dass die Leute, bevor sie sich *des* Anliegens eines Schriftstellers so sicher werden, erst einmal dessen »kleine« Veröffentlichungen, die ganz kleinen Druckwerke, das gelegentliche Gedicht, die Sketche, die ich auf die Bühne bringe, über meine eigene Gesellschaft, all die unterschiedlichen Schriften gelesen haben sollten.

Denn ein und dasselbe Anliegen manifestiert sich doch in einem dreihundertseitigen Roman, in einem kurzen Gedicht, in einem Zeitungsartikel, einem Sketch auf der Bühne usw.«

»Ja, einige Kritiker sind besorgt gewesen über das gelegentliche Theaterstück, das ich geschrieben haben und das die Vergangenheit behandelt. Doch ich gehe mit der Vergangenheit auf eine ganz eigene Weise um ... Sie müssen eben höchst aufmerksam sein, wenn Schriftsteller sich mit der Vergangenheit beschäftigen: Deren Vergangenheit ist nämlich nie die ganze Wahrheit, weil sie die Vergangenheit nach ihrer eigenen ideologischen Haltung oder ihrer eigenen utopischen oder visionären Sicht modellieren ...

Für mich und für die meisten von uns ist die Vergangenheit lediglich Rohmaterial, das wir nach unserem Bilde verwenden und remodellieren ... Also ich wäre schon sehr besorgt, wenn die Schriftsteller sich mehr mit der Vergangenheit als mit der Gegenwart beschäftigten, zumal die Gegenwart sehr, sehr dringliche Aufmerksamkeit erfordert.«

Kaum verwunderlich, dass dem »Mann« das Theater am meisten liegt. Mit der traditionellen Oralität, Wortkunst, der Yorubas und der neueren »Yoruba Opera« groß geworden, lernt er Ende der fünfziger Jahre als Stipendiat am Royal Court Theatre in London das europäische

Theater kennen. Schon entstehen »The Swamp Dwellers« und »The Lion and the Jewel«.

Auf Bestellung schreibt er zur Unabhängigkeit Nigerias 1960 »A Dance of the Forests«: Wole ist schon der, der er bis heute geblieben ist: Er beschwört die Ahnen und Geister der Vergangenheit, doch die Vergangenheit entpuppt sich keineswegs als Idylle, die Vergangenheit bietet keine einfachen Antworten für das Heute. Nicht »Mutter Afrika« lebt auf, keineswegs nur große Helden; die Ahnen und Heroen entpuppen sich vielmehr als höchst zweideutige, zum Teil dubiose Gestalten. Die Ahnen der von Europas Romantikern so gemalten »edlen Wilden« waren keinen Deut besser als die angeblich so makellos-gloriosen Vorfahren – die Ottos, Karls, Heinrichs und Friedrichs – unserer Hitlers, Francos und Salazars.

Und Afrikas neue Potentaten, brave Schüler Europas und somit auch Geschichts-Schöner oder -Fälscher, haben es sehr wohl begriffen, besser als die Literaturkritiker, die Wole immer wieder als »zu schwierig, zu dunkel, zu elitär« beschrieben haben. Beweis: Wole wurde nicht nur wegen seiner direkten politischen Aktionen und Aussagen festgenommen: Auch seine Stücke wurden zeitweise verboten, eben weil er, der angeblich »dunkle und schwierige«, doch beim Volke ankam.

Nein, »einen *honey moon* zwischen dem Schriftsteller und dem Politiker« kann es nach ihm in Afrika – »so wenig wie anderswo in der Welt« – nicht geben.

»Die Idee, dass es einen *honey moon* zwischen Schriftstellern und Politikern gebe könne, die habe ich nie akzeptiert. Dafür sind die Probleme, vor allem in Afrika, doch viel zu schreiend. Wir haben doch politische Führer, die ganz definitiv Feinde des Volkes sind, nicht nur Feinde unserer Völker, sondern Feinde der ganzen Menschheit. Da haben die Schriftsteller doch gar keine andere Wahl, als mit allen ihnen zur Verfügung stehenden Mitteln in deutlichen Worten das Unrecht dieser politischen Führer offen zu legen.

Denn seien wir uns doch der Tatsache bewusst: Es gibt bestimmte politische Führer, die mit Hilfe ihrer mächtigen Propagandamaschinerien ständig die Linie des geringsten Widerstandes einnehmen, will heißen, dass sie ständig den ach so bekannten und wohl akzeptierten Feind sehr hart und sehr kräftig attackieren ... Denjenigen, die sagen, die Schriftsteller seien elitär, denen ist immer wieder bewiesen worden, dass sie unrecht haben, unrecht und noch einmal unrecht. Denn jedes Mal, wenn sich die Machtstruktur verändert, dann entdeckt man plötzlich – und mein eigenes Land Nigeria ist hierfür der beste Beweis –, dann entdeckt man, dass wenigstens die Hälfte dessen, oder sagen wir ruhig: ein Drittel dessen, was die Schriftsteller schon immer gesagt haben, worauf sie schon immer eingeschlagen haben, stimmt. Teil des Problems ist natürlich, dass eine korrektive Maßnahme nur dann akzeptabel ist, wenn der, der sie ausführt, eine Knarre in der Hand hat. Wenn aber ein Schriftsteller genau dasselbe sagt, er aber keine Knarre hat, dann ist er angeblich ›elitär‹. Bis eben jemand, der eine Knarre hat, genau das tut. Dann stellt sich eben heraus, dass der Schriftsteller die ganze Zeit ›am Puls des Volkes‹ gewesen ist. Das ist immer und immer wieder bewiesen worden.

So sind Behauptungen wie die, dass der Schriftsteller ›elitär‹ sei, nur Entschuldigungen erstens einer korrupten Führung und zweitens Ausflüchte der Speichellecker, Hofschranzen, der Bürokraten und der Geschäftsleute, die nicht wollen, dass der Laden in Unordnung gebracht wird.

Es ist ihnen ganz egal, was um sie herum passiert, wenn nur eine falsche Art von Stabilität aufrechterhalten wird, die es ihnen ermöglicht, auf welche Weise auch immer, soviel Kapital wie nur möglich in ihre Taschen zuschaufeln.«

Die für Afrika selbstkritische Aussage des ersten afrikanischen Nobelpreisträgers für Literatur, sie könnte deutlicher nicht sein. Um so gewichtiger und glaubwürdiger deshalb seine anklagend-ironische Abrechnung mit den – deutschen – intellektuellen Ahnvätern des ganz aktuellen Rassismus, der über Jahrzehnte (und das sowohl unter CDU- als auch SPD-Regierungen!) U-Boot-Pläne und Waffen an das Südafrika der Apartheid lieferte und stets Sanktionen gegen das Apartheid-Regime ablehnte:

»Nehmen Sie zum Beispiel Gott und das Gesetz, vor allem ersteren. Die schwarze Rasse hat, historisch gesehen, mehr als bloß ein wenig Grund, bezüglich des Einfalls fremder Gottheiten in ihre Geschicke paranoid zu sein.

Denn die Apartheid-Mentalität gründete ja über Jahrzehnte in ›gottgegebener Vorbestimmung‹ auf etwas, was ich nur als testamentarischen Gottismus bezeichnen kann – ich wage es nicht, dies Christentum zu nennen. Die Söhne Hams auf der einen Seite, die Nachfahren Shems auf der anderen.

Die einmal ausgesprochene, nie und nimmer veränderbare Verwünschung. Und was das Gesetz angeht, so gründeten die Theoretiker weißer Überlegenheit ihre Weigerung, den Schwarzen gleiche politische Rechte einzuräumen auf der Behauptung, dass die Afrikaner weder Respekt noch die geringste Neigung für das Gesetz kennen – das heißt, für irgendein Konzept, das die Interessen des Individuums mit denen der Gemeinschaft in Einklang bringt.

Selbst die mildesten, liberalen, ein bisschen bedauernden, jedoch insgeheim zufriedenen Apologeten der Apartheid – diejenigen, die für ein bisschen Apartheid waren, die dann keine Apartheid mehr wäre, die aber doch den Status quo bewahrt hätte – selbst diese höchst zweideutige Rasse gründete und gründet noch stets ihre Argumentation darauf, dass die Idee der Gesetzlichkeit im schwarzen Kopf ganz einfach nicht existiere. Zum Beweis brauche ich nur auf einen jüngeren Beitrag zur Literatur in Gestalt der Autobiographie eines berühmten Herzchirurgen zu verweisen ...

Diese Geister haben höchst »respektable« intellektuelle Väter. Friedrich Wilhelm Hegel, um mein liebstes Beispiel zu zitieren, konnte behaupten, dass der ›Afrikaner noch nicht das Bewusstsein von einer substantiellen objektiven Existenz – wie zum Beispiel Gott oder Gesetz – erlangt hat, ein Konzept, in dem das freie Wollen des Menschen zum Ausdruck kommt und durch das er sein eigenes Sein definiert‹.

Wenn wir uns mit diesen Gesellschaften beschäftigen, dann stoßen wir auf eine seltsame Tatsache. Die präkolonialen afrikanischen Gesellschaften – und ich meine sowohl die vor der euro-christlichen als auch der arabisch-islamischen Kolonisation – beweisen sehr deutlich, dass die afrikanischen Gesellschaften einander nie aus religiösen Motiven bekriegten. Das heißt: Nie in ihrer Geschichte hat die schwarze Rasse versucht, andere mit missionarischem Eifer in einer Attitüde des ›heiliger-als-du‹ gewaltsam zu unterwerfen. Aus wirtschaftlichen und politischen Gründen, ja. Aber nie aus religiösen. Vielleicht war es diese höchst unnatürliche Tatsache, die für die Schlussfolgerungen Hegels verantwortlich war – wir wissen es nicht.

Gewiss aber lässt die blutige Geschichte der wichtigsten Weltreligionen – lokal begrenzte Auseinandersetzungen gibt es ja bis heute – die klammheimliche Vermutung zu, dass Religion, so wie sie von jenen eminenten Philosophen definiert wurde, nur durch kriegerische Aktivität zur Selbsterkenntnis gelangt.

Heutzutage, zu Beginn des dritten Milleniums, das heißt Jahrhunderte nach den christlichen Kreuzzügen und den islamischen heiligen Kriegen, die die eigenen und andere Kulturen zerstörten, alte zusammenhängende soziale Beziehungen fragmentierten und die Spiritualität ganzer Völker zertrampelten, die deren Kulturen in Befolgung der Gebote unsichtbarer Götter zerschlugen, heute finden wir Nationen, deren soziales Denken von kanonischen, theologischen Behauptungen geleitet wird – und angesichts dessen kommen wir zu der Einsicht: das Zeitalter der Dunkelheit hat die Welt nie wirklich verlassen.

Auch wir haben unsere Mythen, doch haben wir sie nie als Basis für die Unterdrückung Anderer verwendet.

Für den Rest der Welt birgt die Bereitschaft der schwarzen Rassen zu vergeben eine bedeutsame Lektion, eine Fähigkeit, von der ich meine, dass sie mit jenen ethischen Vorschriften zu tun hat, die ihrer Weltsicht und ihren authentischen Religionen entspringen – keine von diesen ist je völlig durch die Hinzufügungen fremder Glaubenssätze und deren implizite Ethnozentrismen vernichtet worden ...

Es ist die gleiche Großzügigkeit, die die Beziehungen zwischen den ehemaligen Kolonialmächten und den ehemaligen Kolonien prägt, von denen ja einige den schlimmsten Formen des Siedler- und Pflanzer-Kolonialismus unterworfen waren, wo die Erniedrigung des Menschen, die mit Raffgier und Ausbeutung einhergehen, eine so intensive Perversion erreichten, dass menschliche Ohren, Hände und Nasen als Buße für nicht-erreichte Produktionsquoten herhalten mussten.[44]

Nationen, die die Agonie von Befreiungskriegen durchlebten, deren Erde noch mit den Leichen unschul-

---

[44] Im Kongo des belgischen Königs Leopold, wo wegen »nicht genügend Produktion« den Kautschuksammlern die Hände abgehackt wurden.

diger Opfer und unbesungener Märtyrer gedüngt ist, sie leben heute Seite an Seite mit ihren Versklavern der noch frischen Vergangenheit, ja sie teilen sich mit diesen sogar in die Kontrolle ihrer Geschicke, mit jenen, die sie vor vier oder fünf Jahren zwangen, die Massaker ihrer Landsleute mit anzusehen. Weit über das Gebot christlicher Nächstenliebe hinaus sind sie es zufrieden, wieder aufzubauen und zu teilen ...

Wir wollen uns heute damit begnügen festzustellen, dass dieses Phänomen es wert ist, beachtet zu werden. Denn es gibt ja immerhin europäische Nationen, deren Erinnerung an die Beherrschung durch andere Rassen auch noch zweihundert Jahre nach ihrer Befreiung so lebhaft ist, dass sogar heute noch an den Nachfahren dieser früheren Eroberer kulturell, sozial und politisch schlimme Rache geübt wird.

Mit solchen Traditionen der Herabsetzung des rassischen und kulturellen Stolzes marginalisierter Völker konfrontiert, geht mein Blick zurück zu unseren eigenen Gesellschaften, wo solche auslösenden Erlebnisse noch viel frischer in Erinnerung sind, wo die Ruinen früher lebendiger Gemeinschaften noch deutliche Anschuldigungen aussprechen, wo die Rauchwolken der Politik verbrannter Erde, genährt von rassischer und kolonialer Kurzsichtigkeit, noch immer aufsteigen. Und ich stelle dennoch fest, dass viele Straßen in afrikanischen Städten immer noch die Namen der früheren Unterdrücker tragen, dass ihre Statuen und andere Symbole der Unterjochung zur Verschönerung öffentlicher Plätze belassen wurden, da das Bewusstsein eines selbstbewussten Volkes sie als bloße Dekorationen und als Nistplätze für Fledermäuse und Tauben begreift.

Und die Bibliotheken bleiben ungesäubert, so dass neue Generationen ungestört in den Werken von Frobenius, Hume, Hegel oder Montesquieu herumblättern können, ohne gleich auf der Umschlagseite auf die Warnung zu stoßen:

ACHTUNG! DIESES WERK IST GEFÄHRLICH FÜR IHR RASSISCHES SELBSTBEWUSSTSEIN!

Doch diese afrikanische Fähigkeit, sich einzurichten, sowohl im kleinen als auch im großen Maßstab, auf der kollektiven, institutionellen oder individuellen Ebene, darf nicht als eine unbegrenzte, unkritische Bereitschaft der Schwarzen missverstanden werden, sich auf ewig in Geduld zu üben.

Diese Beweise unserer Fähigkeit, uns zu arrangieren, stellen auf ihre Weise eine Ansammlung von Tests dar, eine Anhäufung von Schuldverschreibungen, ein implizites Angebot, das durch konkrete Ergebnisse eingelöst werden muss. Es sind die Teile einer Hängebrücke, deren Bau von einem Ende des Abgrundes begonnen wurde, und die, ob die Erbauer dies wollen oder nicht, den Gesetzen der Materie gehorchen muss und von einem gewissen Punkt an in die Tiefe stürzen wird, in den sich ständig weitenden Abgrund aus Misstrauen, Frustration und wachsendem Hass.«

Unmittelbar nach der Entgegennahme des Literatur-Nobelpreises 1986 stiftete Soyinka einen eigenen Literaturpreis.

Gleich zu Beginn des nigerianischen Bürgerkrieges (»Biafra-Krieg«) war der Yoruba, Nigerianer, Weltbürger Soyinka vom damaligen Militärregime ohne Prozess für nahezu drei Jahre an geheimem Ort in Einzelhaft gesetzt worden. Sein Vergehen: Er hatte sich für friedliche Verhandlungen zwischen der Bundesrepublik Nigeria und dem abtrünnigen Biafra eingesetzt und gegen einen Krieg agitiert.

Zwei Jahrzehnte später stiftete der Yoruba Soyinka seinen Preis im Namen seines aus dem Volk der Igbo stammenden und für Biafra kämpfenden Schriftstellerkollegen Christopher Okigbo, der in den ersten Wochen des Krieges umgekommen war.

Vierzehn Jahre nach Verleihung des Nobelpreises sammelten Schüler des Gymnasiums im bayrischen Weilheim im Vorhinein zu Soyinkas Lesungen mehr als 10.000 DM für einen von ihm zu bestimmenden – von den Schülern wohl karitativ gemeinten – Zweck.

Soyinka stiftete erneut einen Preis, wieder im Namen eines schreibenden Kollegen. Dieses Mal im Namen seines vom Diktator Abacha ermordeten Kollegen Ken Saro-Wiwa, der für die Rechte seines im reichen Erdölgebiet verarmten Ogoni-Volkes gekämpft hatte.

Der Preis wird jetzt alljährlich verliehen an nigerianische Jugendliche, die sich, so der Stifter Soyinka, »durch besonderen Einsatz für die friedliche Beilegung ethnischer und religiöser Konflikte in Nigeria verdient gemacht haben«.